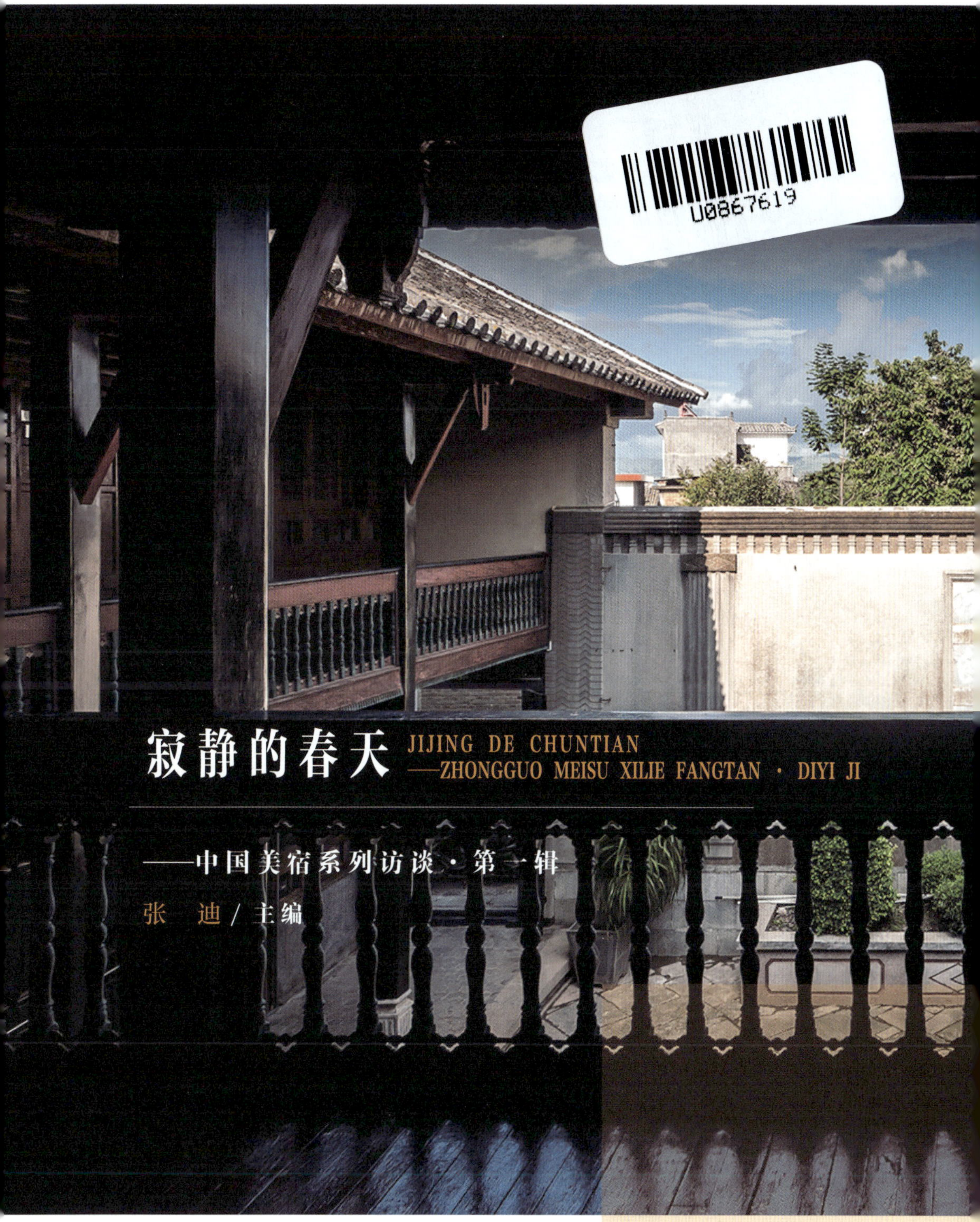

寂静的春天

JIJING DE CHUNTIAN
——ZHONGGUO MEISU XILIE FANGTAN · DIYI JI

——中国美宿系列访谈·第一辑

张 迪 / 主编

漓江出版社

·桂林·

图书在版编目（CIP）数据

寂静的春天：中国美宿系列访谈. 第一辑 / 张迪主编. -- 桂林：漓江出版社，2020.12
ISBN 978-7-5407-8903-9

Ⅰ. ①寂… Ⅱ. ①张… Ⅲ. ①旅馆－服务业－经营管理－中国 Ⅳ. ①F726.92

中国版本图书馆CIP数据核字(2020)第149218号

寂静的春天——中国美宿系列访谈·第一辑

张 迪 主编

出 版 人：刘迪才
责任编辑：李 慧
装帧设计：黄 洁
责任校对：王林秀
责任监印：张 璐

出版发行：漓江出版社有限公司
社 址：广西桂林市南环路22号
邮 编：541002
发行电话：010-65699511 0773-2583322
传 真：010-85891290 0773-2582200
邮购热线：0773-2582200
电子信箱：ljcbs@163.com
微信公众号：lijiangpress

印 制：广西雅图盛印务有限公司
开 本：787 mm × 1092 mm 1/16
印 张：22.5
字 数：280千字
版 次：2020年12月第1版
印 次：2020年12月第1次印刷
书 号：ISBN 978-7-5407-8903-9
定 价：99.00元

《寂静的春天——中国美宿系列访谈·第一辑》编委会

目 录

[第三章：八桂美宿]

主编简介

张　迪

资深媒体人、美宿志创始人、桂林民宿协会创始会长、中国饭店协会文化主题饭店专业委员会常务副理事长。曾经军旅磨砺十余年和媒体激情十余年，欢喜悦享一切美好，现供职于某文学杂志社。先后主编《桂林休闲地图》《桂林米粉》等休闲系列书籍，主编诗集《嘉熙地》，著有小说集《曾经那么接近幸福》。近年来致力非虚构文学创作和中国特色美宿（民宿）创始人系列访谈。

寂静中的成长

王枬

应主编之邀，为本书写序，这于我而言，既是荣幸，也是挑战。

看着书名，我的脑海中马上跳出来的便是美国科普作家蕾切尔·卡森于1962年出版的同名著作，那是一本关于环境保护的书。这本书借用了“寂静的春天”作为书名，究竟想要表达什么意思呢?

在粗略的阅读中，我逐渐品出了两层含义。

其一，志书的静。

我关注着张迪主编的美宿志。美宿志是一个微信服务平台，致力于精选民宿创始故事，挖掘民宿文化内涵。本书就是一部美宿的志书。在我看来，“志”既表达了一种坚定执着的追求，也是一种安静的研究方法，表现出三个特点：第一，它要求以资料为依据，以真实为生命。本书的真实，便来源于美宿志对民宿创始人或当事人亲身经历的访谈记录。第二，它要求秉持客观的立场，保持距离意识。本书的语言是平实的，记录是客观的，体例是一致的，格式是规范的。第三，它必须着眼于历史，落脚于文化。本书不仅是历史的记载，也是文化的象征；不仅是数据的汇集，还是精神的诠释。因而，从研究方法的角度而言，适时地提问，安静地倾听，如实地记录，客观地呈现，既是美宿志的特色，也是这本志书的一大特点。

其二，民宿的静。

这是一本美宿志对民宿创始人的系列访谈，讲述的是民宿创办的真实故事。人都是故事化的存在，任何一所民宿，都有属于自己的历史和故事。本书的意义便在于挖掘并记录了这些故事。在阅读文本的过程中，给我触动最大的是三个关键词：梦想、情怀、诗意。无论是秘密花园创始人疯子鹰“民宿要有家的感觉”的信念，莫干山民宿第一人夏雨清“以民宿改变乡村，让远方充满诗意”的执着，还是隐墅创始人马勇伟“隐墅是诗意栖居者的隐居之地”的定位，自在悬崖品牌创始人易成“民宿是诗和远方的代表”的认识，或是云里小坐品牌创始人千千“让梦想花开”的描绘，梵净山行驿云舍创始人钱江“自由自在，纯粹诗意的旅行居所”的设计……都显示出当事人对民宿的独特理解和别样追求。

我曾对“旅游”做过如下界定：旅游是人类自由生命活动的标志。它是对自然风光的欣赏，是对社会文化的感悟，是对人类文明的回顾，是对澄明境界的渴求。它是心灵体验，是生活经历，是精神沉醉，是审美方式。作为人们最珍贵的阅历，它将融入个体的记忆深处。然而，这一切都建立在对人性的尊重、对情感的关注、对生命的呵护，对文明的弘扬上。阅读本书，让我感受到了中国哲学中仁者乐山、智者乐水的生活态度，体验到了民宿创始人对心与物、情与景、意与境交融的向往。如浮云牧场联合创始人李云东所说：“我的理想民宿，就是建筑长在自然之中，不高不低；服务长在人心之中，不卑不亢；体验长在自我之中，不紧不慢。”又如霁云上院创始人叶子所言：“愿能容纳所有奔波在路上忙碌而浮躁的心。”再如慢点创始人老老夏所想：用物化的民宿，创建一种生活哲学，身走为心停；煮海禅思，花树眠月，一房一院，矮院和风……民宿所追求的这些境界会带给人一种由心物交应、神与物游、天人合一而感受到的心醉神迷的静悦。

2020年春天，由于新冠疫情的影响，民宿业变得更加寂静，但我相信，“寂”只是暂时，民宿“静”的元素却将超出舒适、喜悦、快意、称心之类的感受而与超越、突破、提升、澄怀相连。它包含着一种把有限的自我融入无限的

宇宙中去的努力。

愿民宿成为旅游者的灵魂栖居地！

愿美宿志为旅游者和民宿主搭建起诗意的通途！

2020 年 7 月 6 日写于桂林

【作者简介】王枬，现为广西师范大学二级教授，博士生导师。曾任桂林旅游高等专科学校校长，广西师范大学党委书记。

第一章

寻梦东方

大西洋吹来的风
越过喜马拉雅山脉
追寻一场爱情
或是只为赴一场约
他乡即故乡
不是我们选择了这里
而是这里选择了我们

疯子鹰：让房子开心起来

【人物简介】疯子鹰，秘密花园创始人，南非建筑师，本名伊恩 · 汉密尔顿（Ian Hamilton）。2016 年“中国乡村旅游年度人物”荣誉称号获得者。

【坐标方位】桂林阳朔

M: 美宿志
F: 疯子鹰

疯子鹰之名

M：朋友们为什么叫您疯子鹰？

F：最初的时候，是我的好朋友陆华平叫我鹰，可能是因为我英文名字叫Ian（伊恩），也可能是因为我的鼻子有点像老鹰的嘴。2002 年的时候，我听到服务员叫我疯子鹰。我问他们，疯子是什么意思？他们说是疯狂的意思。再后来他们就直接叫我疯子了。大约有四年的时间，所有人都叫我疯子。后来在我当老师讲课或是参加会议论坛的时候，有人觉得疯子这个名字不太好，就继续叫我疯子鹰。也有人告诉我，之所以会叫我疯子，是因为我的想法和做法跟别人的都不一样。

M：能分享一下您做过的疯狂的事情吗？

F：我每一年都会受伤，因为我做事情风风火火的，不会十分小心谨慎。在装修的时候，如果我觉得有危险的事情，我不会让工人做，我会自己去做，

疯子鹰

不想让他们受伤。比如说把破旧的屋顶拆了，我会跟工人说，那样很危险，让我来。我曾在两年时间里断了四次肋骨。

修建秘密花园

M：您是什么时候产生在中国开民宿的想法的？又是怎么找到成为秘密花园的这栋房子的呢？

F：2002年的时候我去了旧县村，看到了秘密花园的第一栋房子，当时那里很破旧了，没人住。我小时候看过一本叫作《秘密花园》的书，我觉得那里特别像一个秘密花园。2003年的时候我跟好朋友陆华平说了旧县老房子的事情，但他告诉我那栋房子已经租给了一个外地人。所以说，很早之前我就已经有了这个想法，也找到了心仪的房子，并且已经想好了“秘密花园”这个名字。后期我帮别人想了很多民宿的名字，但是这个名字我从没告诉过别人。这个名字一直藏在我心里，因为我觉得我自己还有机会。2006年之后，我又陆续看了两栋老房子，我觉得不合适，不方便，所以就没租。2009 年的时候，我去旧县帮一个法国老板做装修，项目做到一半他就回国了。我当时住在旧县的村委办公室里面，找到机会把多年前看中的房子跟他们说了，他们说那栋房子现在是空的，我在惊讶之余觉得特别开心，就决定租下那栋房子了。那栋房子有 6 家房东，村主任帮我跟房东沟通了将近半年才让我租下了房子。

M：2011 年到 2012 年之间，秘密花园以外国客人居多，国内的游客并不多，您当时是只想做外宾市场吗？

F：2011 年 8 月秘密花园开业。刚开业的时候有 6 间房，但是没有生意，直到 2012 年 4 月份才有客人。中间的空白期，我会让我的朋友免费住。当时的路没修好，没有人到旧县村旅游。于是我叫旅游公司的人来，他们都很喜欢，觉得这里特别好。所以从 2012 年开始，旅游公司的人会安排游客住到秘密花园。当时中国人都不知道这里，在我上了电视之后，中国人才知道。2013 年的时候，旅游卫视的记者来秘密花园住，紧接着中央电视台的记者也来到秘密花园进行采访。通过媒体的采访，秘密花园的知名度提高了，越来越多的中国人知道了这里。

M：装修过程中是否发生过令您印象深刻的问题？

F：问题很少。因为我中文说得很一般，所以与村民沟通会有一些障碍，但是那些矛盾在村主任的帮助下得到了很好的解决，所以基本没什么问题。村主任、村干部和我都是非常要好的朋友，他们会帮我的忙。其他都是一些小问题，比如说我将一栋老房子改造成厨房需要拆掉一些砖，村民就会不理解，会生气。其余的都没什么问题。

M：秘密花园未来的发展计划是什么？

F：我以前有个梦想是把旧县村所有的老房子保护起来，现在的想法就是要帮助村子里的兄弟姐妹。村里很多人都没有工作，所以我认为秘密花园要帮助村里的人赚钱。我想帮村子里做一个网站，把一些村民的空置房信息放到网站上，让游客可以选择村民的房子居住，可以来这里体验真正的本土生活。

M：2016 年您是因为什么获得“中国乡村旅游年度人物”荣誉称号的呢？

F：一方面是因为保护老房子，另一方面是因为我做酒店带动了村里的发展。很多村民都会感谢我，因为我做的事情为村里的很多人提供了发展的机会，提供了很多就业岗位。我最开心的是在我装修房子的时候，很多老人会来感谢我保护了他们出生以及成长的地方。

让房子开心一点

M：您觉得民宿的核心要素是什么？您在改造老房子的过程中是如何理解中国的传统文化的？

F：我觉得民宿要有家的感觉。我在南非上大学的时候学过中国的风水学，来中国后，我也做过一些调查。我觉得中国的建筑文化特别棒，所以我也会参考一些古老的文化理念。

M：您最喜欢哪一部分的改造？

F：可能是画室，因为以前那是最破的地方，但是现在非常漂亮。

M：听说您在装修老房子的时候有一个理念，就是要“让房子开心一点”？

F：对。对于装修房子，我觉得最重要的是要懂房子的性格。每一栋房子的性格都不一样，我建房子的时候就会想着怎么样才能让它开心一点。有一些人建房子就是在打房子的脸，因为他没有考虑房子的感受。应该看一下太阳从哪里晒过来，风从哪里吹过来，要感受房子的呼吸。

我的家在中国

M：您来中国之前是否对中国有所了解？

F：我上中学的时候学过一些中国的历史，上大学的时候也学过一些中国

上：画室的过去
下：画室的现在

的建筑知识，我印象最深的就是中国北京的四合院，曾经觉得如果能有一座自己的房子，能有一座四合院就好了。我很喜欢中国少数民族的文化和建筑，比如说侗族、瑶族、苗族的建筑，风雨桥之类的，也喜欢少数民族的服装、歌舞和土话，因为我觉得这是每一个民族独特的文化。

M：能否分享您最喜欢的中国的三样东西？

F：第一个是中国社区团结互助的氛围，第二个是饮食文化，第三个是没有代沟。秘密花园开业的时候，我搬家的时候，兄弟们都会过来帮我安排很多事情。不管发生什么事情，大家都会聚在一起，互相帮忙，我觉得这样非常好，很难得。所以我在旧县觉得不是只有自己一个人，感觉身边的都是家里人，会感到温暖。

M：您的父母如何看待您在阳朔开酒店这件事情？

F：他们第一次来中国是在 2014 年，当时他们是怕我在中国没有朋友，担心我在中国会不习惯。他们在阳朔住了一个月，去了很多地方，玩得很开心。2016 年 12 月份，中央电视台带他们过来，那是他们第二次来到这里。当时村里有很多人请他们吃饭，他们也没想到我会认识这么多的朋友，他们很开心。在他们来中国之前我给他们看过照片，来到这里之后，他们觉得这里比照片更加漂亮，他们没有想到我会做得这么好。

柏昆：中国的故事靠中国人自己说

【人物简介】柏昆（Chris Barclay），美国人，阳朔胜地度假酒店、云南沙溪戏台会馆创始人。

【坐标方位】桂林阳朔

M: 美宿志
B: 柏　昆

胜地中的“胜地”

M：您为什么会想到在这里开一家酒店？

B：我是1988年来的桂林。这里本来是一家培训中心，但我觉得陪客户去其他地方住的连锁酒店没有灵魂，阳朔让我感觉有本土的文化、精神，所以我想，或许我们可以给客户解决简单的住宿、吃饭问题。我们这里有很好的环境，水都是打井取的，没有工业的污染。

M：当时酒店为什么会取名叫胜地？

B：这名字是本地朋友帮取的，因为这里看起来就是一个山水胜地。胜地是2000年修建，2001年开的。当时一位县领导去过英国学习，视野很开阔。我和他成为朋友之后跟他说，如果我在这里办一个培训中心，会有很多外国客人到这里学习，会慢慢发展这个地方，他觉得很好，所以支持我做民宿。

柏昆

M：住宿行业的员工流动性很大，您这边为何能管理得这么成功？在这里最久的员工待了多少年？

B：因为我会授权给员工。客人不满意，你可以送他一瓶酒；花钱不需要征求我的同意，只要你能解决问题就可以，如果我不满意，我会直接告诉你不要这样做。我的原则是：你可以犯错，但不要犯第二次。我很欢迎学习犯错的过程，这是必须得经历的阶段，没有犯错就没有学习，没有学习就没有进步。有在这里待了15年的员工，这里的员工基本上都是本地人。

M：胜地很多地方能体现中西建筑文化的结合。您对我们中国建筑文化有什么看法？

B：外国人看中国传统建筑有一个比较浪漫的看法。我觉得中国的传统建筑是一种很宝贵的东西，是一种文化遗产。现在中国都在做新东西，或者在模仿中国古代的建筑，我觉得应该保护那些传统的建筑。

M：胜地的设计是您自己做的吗？

B：是的，但是也请了一个本地的专业设计师做蓝图。胜地里的木地板、大理石都是从各个地方收集来的，很多二手的东西。原则是节约，后面质感就慢慢提升了。我太太在设计方面给我很大的帮助，因为我的设计观念很“硬性”，她会从细节入手，互补。

与脆骨症女孩结缘

M：美国前总统克林顿曾经和您的店员赵春丽有一段故事，能否详细说说呢？

B：1998年，克林顿访华到桂林，去了赵春丽的老家——阳朔兴坪渔村，当时我做随行翻译，和克林顿进了春丽家，拍了照，就离开了。1999年的时候，我父母来阳朔兴坪渔村旅游，我带他们去村里拍照，也去了春丽的家。就在那时候，我见到了春丽。春丽家的客厅里有她家人与克林顿的合影，里面没有她，我很好奇，于是问她，怎么没有在照片上见到你？她便跟我讲了她的故事：她从小患有脆骨症，无法走路、无法奔跑。克林顿到兴坪渔村的时候，众人觉得不能让残疾的她外出，因此将她藏了起来。她是一个很开朗的人，从没上过学，普通话全靠自学。我觉得她应该有更多的机会跟外界接触，刚好我当时想在这里做个项目，于是问春丽的父母愿不愿意让她出门学习、工作。当时春丽已经有18岁了，她家人同意了，我就安排了一个老师在渔村教她，后来为她在阳朔租了一个公寓。她学习了一年，然后开始工作，她会接电话、做出纳、接待客人，她学得非常快。

后来我给克林顿写信，向他说明赵春丽的情况，告诉他说他的兴坪之旅错过了一个很棒的人，克林顿回信邀请我们到他家做客。春丽上班之前，我带她去美国加州看病，回来的时候克林顿已经不是总统了，他当时在纽约，由于距离等因素，我们就没有去做客。十年之后，我得知克林顿有一个全球基金会，而巧的是，当时有一个在基金会里工作的人正好在胜地住，那个人听到春丽的故事也很感动，回去后转告了克林顿。克林顿还记得这个故事，于是帮春丽买了机票让春丽去纽约参加了基金会的年会，带她见了很多知名人士。春丽是一个很谦虚的人，她并不喜欢推广自己，她喜欢简单的生活。

M：您经常带员工出国旅游学习吗？

B：一年大概有一次带员工出国旅游学习的活动，因为我想开阔员工的视野，让他们看看海外华侨，别人能把事情做得这么好，他们为什么不可以呢？我想提高他们的自信心。

为还愿而修庙

M：能否与我们分享一下云南沙溪这个项目的故事？

B：多年前，我们的女儿不幸去世，伤心之余，我们一直想再要个孩子，但当时我们已经40多岁了。2011年的时候，因为朋友的推荐，我跟太太去了云南沙溪古镇的慈荫庵。神奇的事情发生了，我们在庙里许了愿，没过多久，我太太就怀上了宝宝！ 2012年我们的第二个孩子就出生了。我们觉得这个庙与我们的孩子有着某种奇妙的联系，所以就出资请了一个专业的修复公司去修复那个庙。修复工作耗资很大，工作量也很大。不过，我对成果还是比较

上：胜地餐厅内景
下：胜地客房内景
右：古色古香的大床

满意的，因为这个地方很不错。当地人也很欣慰。

同年，我在当地创办了一个民宿——沙溪戏台会馆，有5间客房。当地会有一些特色的活动，要开展活动的时候我也会去赞助。这个庙很大，如果要开展活动的话会有几百个人参加，缺点是没有厕所，于是我们就建了一个厕所，做好地下排污工作，这个是非盈利性的工作。我觉得这是我们的一个责任，可以维护这个地方的生态环境。

沙溪很偏僻但也很美，那里没有公路，没有高铁，传统建筑保存得很好。沙溪的房子每5年审批一次，我可以一直租下去。云南的一些老建筑经常会发生火灾，但我那边的店里有齐全的消防系统，所以不用担心这些。沙溪当地有一个很大的戏台，白族人民在歌会的时候会开戏台，在沙溪古镇传统的民俗活动“太子会”的时候也会开，每年只开放两次，其余时间是不开放的。我们店里也有一个戏台，365天都会开放，游客只要来了就可以看戏、喝茶。慈荫庵早在20世纪70年代就已经没有尼姑了，我给了村里的一些阿姨补贴，让她们帮忙扫扫地、做做饭什么的。因为既要满足村民的需求，也要满足游客的需求，但又不能太商业化。我觉得这是一个很好的项目，能使我内心得到满足。

Alf：这是对生活的一种向往

【人物简介】Alf，澳大利亚人；蒋明芳，广西桂林人。夫妻两人创建水岸山居。

【坐标方位】桂林阳朔

M: 美宿志
A：Alf
J：蒋明芳

为梦想“倾家荡产”

M：怎么会想到不回澳大利亚，不再回您的公司工作，选择留在这里呢？

A：我觉得在这里工作很开心。

J：他当时是旅行社的经理了，管理中国、日本、巴基斯坦等几个区域，很辛苦。基本上是从早上六点钟就起来，然后一直工作到晚上十二点钟，要一直对着电脑不断地工作。虽然后来也请了助手，但是他觉得那不是他想要的生活，就辞职了。

M：作为阳朔第一家以别墅命名的酒店，为什么当时叫这个名字？有什么意义或想法？

J：这是对生活的一种向往。当时叫水岸花园别墅，我就想取这种鸟语花香的名字，不想取商业化酒店的名字。我个人很向往别墅生活，我特别喜欢

Alf与蒋明芳

有院子有花的地方，我一贯是个喜欢浪漫的人，所以就取了这个名字。那个年代很少人取这种名字，所以很多人都会对这里感兴趣。

M：开业的时候有几间客房？

J：当时是19间，现在是24间。因为都是三房一厅，而且没有卫生间，要进行改造。以前这房子里都是小小的玻璃，我们就全部换成大大的玻璃，敲成一个个渔网一样的洞。当时也蛮有趣，因为资金有限，我们都是白手起家，把墙壁敲出很多洞之后就没有钱去装修了。当时我们是交了3年的押金给房东，房东看到我们没有钱装修也很着急。他说你把我这房子打成了渔网，就给了3年的房租给我，我也不够钱去把它恢复原状。

M：后来是如何解决这个问题的？

J：后来我就想到处拉人过来合伙，或者转股份，当时也有点倾家荡产的感觉。

M：这个设计风格是您来确定的吗？

J：我本身就比较喜欢传统、中式的东西，加之Alf也很喜欢中国文化，所以我们就商量出了中式的风格。

上：泳池
下：客房内景

M：开到村子里的民宿，在融入村子的过程中是否有过价值观的冲突？

J：有。我们之前也跟村民有点矛盾，但是我们的房东很好，而且在村子里的威信比较高，很多事情都是由他帮忙处理好的。例如 2007 年过完年以后开始装电，原来我们只有电线，没有电源，一台空调都开不了，后来他替我们解决了这个问题。因为我们的高压线要从村子里拉出来，要经过很多田地，所以需要房东出面跟村民商量，房东确实起了很大的作用。

夫妻搭配，管理不累

M：在运营过程中，主要是 Alf 还是您在管理？

J：是我在管理，找员工、内务、财务这些都是我在管。Alf 主要是负责对外宣传、网络还有接待客人，因为我们这里是以国外游客为主。

M：当时的入住情况怎么样？

J：非常好，4 月份到 10 月份，天天都满房。

M：如果没有 Alf，其实也是很困难的吧？因为他原来做过旅游，又曾经是经理，所以他会有比较成熟的客户网络，快速撑起了这家店。否则别人也找不到这里，当时的网络也不像现在这样发达。

J：对，Alf 辞掉经理职位那时候，我们还没开店，网络也没这么发达，他做了一个网站 yangers.com，那是阳朔第一家由外国人开的纯英文的网站，因为我们发现网络是一个很大的平台。Alf 不是这个专业的，但是他买了很多书自己看。我们有客源，所以我们会安排团队，自己接游客。

M：相当于做旅行社。

J：就相当于一个网络旅行社。当时做生意其实很好玩，很和谐，我们会跟其他酒店合作。有些客人比较特殊，可能妻子喜欢秘密花园，丈夫喜欢这里，那我们就可以帮忙送人过去。万一有什么问题，前台会提前打电话说明，不会形成恶性竞争。

阳台景色

Paul：见证一个村庄的 11 年变迁

【人物简介】Paul（保罗），英国人，边城漓谷联合创始人。

【坐标方位】桂林阳朔

M: 美宿志
P : Paul

结缘阳朔

M：您在桂林阳朔待了多长时间？

P：11 年了，基本上没离开过。那时是从桂林坐汽车到阳朔的，路不是特别好，坑坑洼洼的，两边是林荫的大树，山峰非常美，让我想起了欧洲那些美丽的风景。从汽车站一出来就震惊了，特别的美，瞬间就爱上这个地方。

M：11 年间，您觉得这个村变化最大的是什么？

P：11 年前进村的时候都要骑自行车，是黄泥土的乡村小道，现在都是水泥路了；11 年前路边没有路灯，还能看到农民背着做农活的工具，水牛从身边走过的景象；11 年前对面的房子只有一半，现在都建新房子了；以前这里叫山景假日酒店，从对面看着很漂亮，现在，村民都把树砍掉了，建成了房子；11 年前，夏天的田里面大量的青蛙呱呱叫，现在减量了，从成群的青蛙变成单只的青蛙了。这 11 年的快速发展，首先是带给大家很大的便利，但是发展

Paul

的同时周围的环境改善没有跟上节奏。

M：您觉得未来阳朔要怎么发展才能吸引更多的外国游客？

P：研究阳朔的发展是我的兴趣，这个事情我能说很多。首先，回到七八年前的低价旅行团，商家要赚钱肯定是降低质量，吸引很多的人去西街。西街的人流量很大，租金非常高，但是来的客人、潜在客户是因为低价而吸引来的游客，他们不可能花高价去买东西，所以要赚钱就要卖便宜的东西，提供更差的质量，这是个恶性循环。希望政府对西街的经营范围、行业数量有控制，让竞争回归良性竞争。我注意到过去两年，政府想把市场低价团挤掉，然后提高市场质量，但是西街的租金太高了，会让很多有机会向世界游客展示中国传统文化的人和宣传中国传统文化的学校不敢进来。如果可以把租金降低的话，就有更多机会向外展示中国传统文化。阳朔是多元化的，不仅仅有优美的环境，还有手工艺、文化产品、本地传统的民俗文化。

上：餐厅
下：客房

在白纸上画图

M：您觉得您的经营理念和中国人的经营理念有什么区别？和其他外国人又有什么区别？

P：各司其职。做自己的工作，一定要把这个工作做好，其他没关系。我们员工比较多，我不想让员工把工作做杂了，容易产生混乱。这一点没做好，那就是他的工作没有做好。外国人跟中国人经营的理念还是有区别的。

我们见证了整个阳朔县酒店行业发展的历程。我们开了很久，是因为我们看到了阳朔酒店行业未来发展的蓝图，这可能是我们跟其他酒店的一个区别。

M：您对民宿怎么理解？

P：对于民宿的理解，在我们国家或者是其他的国家，民宿就是一个家庭里面有空房间出租，有人租了以后，再跟其他的人合租这个房间，更多是网上的沙发客。其实，民宿是把一张画纸给员工，然后员工就在这张白纸上面点缀了点点滴滴，才有今天这一幅美好的图画。

M：总结一下，有哪些经验是值得我们同行学习借鉴的，或者说自己比较自豪的？

P：我觉得我们酒店对客人特别真诚，这个真诚不仅仅是体现在我们特别欢迎他们。我们把客人不仅仅当作是客人，而且当作朋友，对待他们像对待家人一样，去关心他们。无论是与客人面对面交流的时候，还是在网上客人针对我们酒店有什么问题提出来的时候，我们从来没有去回避。客人说了这个问题，让我们更注意细节，让接下来的客人不会遇到同样的问题。所以我们很感谢客人，不管喜欢我们还是不喜欢我们的，我们都很感激他们，常怀感恩之心。

M：与客人沟通有什么好的做法？

P：客人来到这里以后，我们员工跟客人进行沟通，不仅仅是问一下你今天准备去哪里玩，还有可能跟客人聊一些他们感兴趣的中国历史和文化。可以找到一些他们愿意聊的话题去聊得更深一点，更好地跟客人沟通。

M：平时在管理上有没有遇到中西文化差异的地方？

P：其实这个也不算是具体的中西文化差异，而是个人性化的问题。对于当地村民来说，我是个外国人，我在这里开酒店，那我就是客人，他们就是主人，客人和主人的立场肯定是不一样的，村民们会根据我们员工平时提供的一些信息来考虑问题。

M：您如何看待民宿行业的优胜劣汰？

P：优胜劣汰的概念并不完全适合，因为它适用于所有参与者的"公平竞争环境"，而阳朔显然不是这种情况。不同风格、不同规模、不同类型的酒店和民宿会给人不同的感觉。从短期到中期，业主的现金储备、租金合同将比质量"适合度"发挥更重要的作用，金钱并不总是能保证质量。这意味着，许多经营状况较差的餐馆，可能会像那些短期至中期注重服务质量的餐馆一样生存下来，这一直是这个行业的规则。那些希望生存的人将不得不在短期内适应更严格的营业利润，并且将不得不花费大量的精力思考如何最优化其服务质量，以便保持相关性和市场份额。这将是适应能力最强者的生存方式，而不是优胜劣汰的生存方式。

阳台

林登：民宿要追求灵魂感

【人物简介】林登，美国人，云南喜林苑品牌创始人。中国电影里第一个外国男主角，曾是美国哥伦比亚广播公司最年轻的摄影记者。

【坐标方位】云南大理

M: 美宿志
L: 林　登

为激情，而不是金钱

M：您把家里的房子、资产都卖掉来中国发展，主要是出于哪方面的考虑？

L：有三个点我觉得最重要。第一是我对中国一直有着责任感。我走了那么多地方，我觉得很多国家、很多人对中国的认同和了解不够，所以我觉得我可以，也非常愿意来到中国，为中国出一份力，可以让世界上更多的人了解中国的美和智慧。第二是为了感恩。我觉得如果没有中国就没有我太太和我的孩子，如果我没有被中国“领养”，我就什么都没有。第三是因为我爸爸说的话。我爸爸经常提醒我和妹妹，要在工作中找到一些自己喜欢做的事情，不仅仅是为了金钱。我也把这个精神传承给了我的孩子们，所以现在我想让我的孩子们过来中国，看到他们的爸爸妈妈为了自己的梦想而愿意去努力。

M：我们特别能理解这种精神，让孩子理解到财富来之不易，也让孩子见证父母这一路走来的艰辛不易。

林登

L：这是非常重要的，很多孩子现在只是遵从父母营造的一种所谓成功平台的规定，片面追求高分数、上名校，从而整日埋头上补习班、兴趣班。我感觉这样孩子会缺少一种对于自身梦想、自我快乐的追求，完全是活在了爸爸妈妈给他编织规划的一种人生里。我觉得父母的要求不应该成为孩子所要追求的目标，要让孩子们明白自己不一定只有这样的一种生活方式，而是可以遵从自己的本心，去追求自己喜欢的东西，寻求自己的梦想。

M：当时您到过桂林没有？您对中国的哪些城市比较喜欢？

L：去了桂林几次。除此之外我还去过很多地方，比如玉林、德天瀑布、福建、景德镇、广东……当时我在找适合做第一个喜林苑的房子，对建筑有一些要求，第一需要老房子，第二房子改动不要太多，在这些条件下去找了很多地方。后来我找到了喜洲，这里的建筑比较满足我们的需求，不用过多改动。

M：当时看到喜洲是直接决定下来的吗？
L：并不是，刚开始只是在这边的院子里待过一段时间，后来去了其他地

宝成府门楼

杨品相宅外观

方寻找，最后通过比较才确定了喜洲最合适。建立第一个喜林苑时，我不知道会面对什么样的困难，但是，我愿意尝试。第一个投资点是喜林苑，第二个是我们的国际教育基地，我把所有的钱都投资在这上面，房子也卖掉了，还要承担孩子的教育费用。不过，我觉得激情很重要，希望我们的民宿行业更有价值。

M：开第一家店最困难的是什么？

L：前期的困难是我跟我太太都不了解中国的一些手续，不清楚中国的各种手续怎么办。

民宿要追求灵魂感

M：喜林苑花了多长时间来装修？开业初期生意怎么样？

L：装修花了差不多两年时间，我们是 2008 年 4 月份开业，刚好是北京奥运会那一年。但那一年出现了金融危机，对外国市场有很大的影响，很多人不愿意去旅游，过了 18 个月后才开始有一些生意，但不会满房。当时我还要出资去维持运营，员工有收入，我个人没有一点收入，到了 2011 年我的其他公司才有一些收入。后来我发现很多杂志、媒体都对我们的故事感兴趣，都会来找我，他们觉得一个美国人有这样的故事，能把一个国家级的文物变成民宿这件事情很稀奇，所以马上有《外滩画报》《人民日报》《纽约时报》《华尔街日报》等媒体来采访我。

M：喜林苑这个名字是谁起的？

L：这个名字是我们团队共同起的。一开始，因为这里是喜洲，所以就取了“喜”字，我的名字有一个“林”字，“苑”字因为是它本身就是个院子，是个花园。

M：有些民宿装修的时候，过度吸收西方文化，弱化东方文化的这个现象，您怎么看？

L：我理解一些民宿会依靠设计感来吸引人，我也不会反对。有时候我觉得民宿的“民”应该是人民的“民”，一些民宿老板可以想办法把当地的文化、人民融入民宿里。做民宿，我们不能学习别人的表面，光学他们的洗漱用品是什么样的是没有用的。我们喜林苑的重点、卖点就是灵魂。我们的缺点就是我们的卖点，因为它是文物，不用一味注重设计感，灵魂就是来自我们的文化。现在注重新潮的设计，可是10年之后可能会过时，我很担心我们现有的传统文化会被以10年一个模式的形式破坏掉。我并不是要批评、冒犯任何一个设计师，我觉得他们都是世界一流的，我只是觉得以后我们民宿行业应该用更多的好想法把我们的软件提升。

我希望民宿要追求灵魂感，我认为在中国更有必要这么做，我们都应该当中国文化大使，起一个引导、指导的作用。我觉得民宿和酒店要分清楚，民宿如果没有灵魂，那它就是一个漂亮的酒店。光是在民宿里配一个几万块的浴缸，我觉得这对当地的贡献不够，而且也是有点小看当地的资源。其实民宿老板，硬件不需要投资那么多，把当地文化、人民融入我们的民宿，使其成为一个卖点，远比我们把电视、意大利牛皮沙发当卖点有想法。我觉得我们公司是一个有社会责任感的公司。

M：洱海有很多地方为了保护环境，拆了1000多家民宿，这对民宿界是影响很大的，您对这个怎么看？

L：从“仁”的角度讲我当然是很关心，我觉得有一些人的初心和我一样，来大理追求他们的梦，在这个方面我为他们感到难过。同时，我也觉得我们必须保护好这个环境，这是为了大理必须做的事情，虽然可惜，但却是不可避免的。作为一个常住在中国的外国人，我肯定是要保证合法经营的，要让自己有安全感，也要让来这里的人有安全感。每个人旅游的目的可能都是不一样的，需求不一样，我们针对的客户群也是不一样的，我并不反对其他酒店的经营模式，我认为住宿业应该是多样性的存在，并不一定所有酒店、民宿都要一味地把自己固定在文化的圈子里。中国住宿业需要不同的模式存在，毕竟现在城市人压力太大，很多情绪需要释放。就像洱海，有问题了就尽快处理，让洱海快点愈合。没有一个人不希望洱海好，大家的初心都是一致的，所以，在这个过程中，大家的处理方式、沟通方式可以更柔和一些。

杨品相宅

第二章

藏秀山河

发蓝的木头正在寻找驿栈
藤萝做的皮肤缠着暮云的光影
飞鸟路过芝麻谷丢了思乡病

长袍酣睡在隐居的雅院
一只蝉蛹在做梦
凝冻的树奔向五号山谷
云上的心宿有戏上演

夏雨清：以民宿改变乡村，让远方充满诗意

【人物简介】夏雨清，中国民宿界元老级人物，莫干山民宿第一人，借宿平台创始人。

【坐标方位】湖州莫干山，宁夏中卫

M：美宿志
X：夏雨清

中国民宿的发端

M：莫干山民宿时代当初是由您的颐园发端。当时什么机缘促成您涉足民宿？

X：最初租下颐园，只为一圆心里的中国文人田园梦吧！颐园的第一任主人是富商潘梓彝，他精通《易经》，颐园是他委托郑生孝营造的，参考当时上海滩的建筑风格。郑生孝是山上郑远记营造厂的少东家，据说全盛时，莫干山一半的房子都出自郑远记之手。颐园的选址，很是费了一番工夫，因为潘梓彝要选莫干山风水最好的地方。最终在山中踏勘四年，他才选定了现在颐园所处的这块地。今天再看，他选的颐园确实占据了莫干山最好的C位。

开始，颐园没营业，也就没推介。2006年，来了一个老外邻居，他叫马克，英国人，在莫干山开了一家叫The Lodge的咖啡馆。马克做过一本上海英文杂志的主编，他动用了上海媒介的关系，把老外吸引到了莫干山。那两年，颐园的客人百分之七八十是老外，余下的就是上海人。裸心谷的高天成和法国山居的司徒夫都曾是颐园的客人。被冷落多年的莫干山，又渐渐热闹起来。

夏雨清

那几年来莫干山的老外，经常一户人家带着西餐大厨就包了颐园，一包就是几天。那个时候，还没有民宿的概念。等到高天成、司徒夫他们在山下开了裸心谷、法国山居后，这种新度假业态就吸引了很多人，当地政府叫它们“洋家乐”。大概 2009 年，有一家媒体用舶来词“民宿”来称呼这种新型的产品，民宿就这样叫开了。颐园成了莫干山最早的民宿，莫干山也成了中国民宿的发源地和标杆。

“民宿”这个词是外来的，但现在却成了中国的特产，还成为一个行业，这也是大家都没有想到的。

民宿是乡村建设最好的入口

M：民宿和精品度假酒店的区别在哪里？

X：我觉得，人情味是民宿最重要的因素。另外，民宿的魅力来自“主人文化”。在某种程度上，主人就是民宿的灵魂所在。主人的审美决定了民宿的选址、建筑、内饰，主人的生活经验与品味决定了民宿的入住体验，民宿表达的就是主人本身，主人文化赋予了民宿灵魂。

民宿提供的是有温度的非标准服务，不像酒店那样千篇一律。我想，酒店和民宿最大的区别在于，你是酒店的过客，民宿是你远方的家。民宿最大的贡献，是让你可以抵达以前不能抵达的地方。

M：近年来在各地政府的积极推动下民宿遍地开花。民宿的社会意义是什么？

X：我一直认为，民宿是乡村建设最好的入口。第一，可以吸引年轻人回乡，为他们提供一份体面的工作，也为乡村注入活力。第二，民宿能带动村民收入，让大家一起赚钱，实现多赢。今天我们的乡村，老龄化、空心化等问题很严重，一家成功的民宿能帮助当地村民将本来滞销的农产品卖给客人，还能鼓励村民一起发展配套的餐馆、作坊，甚至是自己的民宿或农家乐，形成集群效应。到最后，就有可能带动整个乡村，使更多的年轻人回到乡村。这就是从开一家民宿，到乡村复兴、复活的路径。

黄河·宿集，颠覆式的创新

M：您牵头的黄河·宿集项目为什么选在宁夏的中卫？

X：第一次到中卫，我就知道这就是我寻找的旅行度假目的地，它只是缺一个引爆的产品。宁夏被称为“塞上江南”，中卫在黄河边，就拿黄河·宿集所在的大湾村来说，这里有戈壁、沙漠、长城、黄河、绿洲、古村……黄河两岸的戈壁滩，出产中国羊肉榜排名第一的黄河滩羊和西瓜榜第一的硒砂瓜；中国第四大沙漠腾格里就在大湾村对面，隔河相望，火车从沙漠穿过，在夜里留下优美的光带；沙漠里有很多湖泊和绿洲；村子背靠秦汉和明朝两代的长城……归结起来就是两个字：惊艳。

还有，中卫看似偏远，但其实很容易通达，有沙坡头机场，离黄河·宿集不过半小时，北京、西安、重庆、福州、乌鲁木齐等地都有直飞，上海也即将开通直飞，即使从银川机场下来，也可以在机场内坐高铁一个小时到中卫，高铁站离黄河·宿集不过二十分钟。这个资源不可复制，这样一个目的地，在中国还从来没有出现过。我们只需要给它一个好产品，不红都难。

M：为什么选择宿集的模式？

X：让你远离传统客源地，你敢去开一家民宿吗？而如果是民宿集群，大家结伴而行，抱团取暖，就不用担忧了。在后民宿时代，民宿集群将是一种趋势，可以让民宿走得更远，也能去到更偏远的地方。

民宿产业在 2013 年经历了爆发性增长，2015 年和 2016 年达到了顶峰，2017 年开始走向下坡路。下行的时候，大家开始惊慌，因为媒体和 KOL 都失去了带货能力，以前所有的打法统统失灵。但是，通过抱团取暖可以把大家的流量重新聚集起来，资源集中优化组合，这是一种很好的解决困境的办法。单体民宿的体量很小，能撬动的地方政府资源非常有限，还会面临政策的不确定性。但是如果是集群项目入驻一个地区，更可能得到地方政府的重视和支持，在当地与村民沟通方面也会更加顺畅，可以解决单体民宿的很多痛点问题。

M：黄河・宿集的探索意义在哪里？

X：一个成功的项目，一定是天时地利人和一起叠加的成果。第一，选址直接决定一家民宿的生死，对一个度假目的地来说，更是如此。黄河・宿集最大的成功，首先在于选址，其次在于精准定位，最后就是打造产品和输出内容。

黄河・宿集做到了一种颠覆式的创新，是对以前一切中国旅行度假产品的颠覆，是对民宿的颠覆，甚至是对中国人度假理念的颠覆。

黄河・宿集也颠覆了宁夏和西北旅游半年淡季的认知，不是旅游有淡季，而是你没有匹配传统淡季的产品。更重要的是，黄河・宿集的撒手锏不是民宿。在宿集里，民宿都是标配，唱主角的是线路和体验。就是最好的民宿，也不能一年到头吸引客人专程来宁夏乡下住几晚。除了民宿，一定还有吸引他和她的点。这个点，可能是绝美的大漠风光，也可能是一场幸福到爆的旅行。而黄河・宿集两者皆有。黄河・宿集在做的，已经不是民宿，也不是民宿集群，而是一种生活方式，一个城乡融合的旅行度假目的地。

M：据了解，除黄河・宿集外，您在其他地方也在布局？

上：黄河·宿集园区
下：沙漠晚餐
（摄影：王宁、饶熹）

X：对。我们同时推进着好几个宿集，宁夏中卫是进展得最快、最先推出的一个。目前在建的还有3个宿集项目：陕西留坝的秦岭·宿集、重庆垫江的巴谷·宿集、成都彭州的龙门山·宿集，山西还有一个宿集在前期阶段。

M：黄河·宿集做过哪些融合业态？

X：在黄河·宿集，我们一年卖掉的贺兰山葡萄酒超过10万瓶，帮村民卖掉的黄河滩枣十几吨，还不包括客人去村里自己买了带走的。二次消费是民宿今后的重要课题，乡村有大量的风物，城市人又有消费需求，就看你怎么去匹配了。在黄河·宿集，我们通过充分挖掘在地资源，给客人提供增值服务。

沙漠很多人去过，沙漠星光晚餐，你吃过吗？想想看，两个人，在沙漠深处，只有星光，没有喧嚣，享受一顿大餐，会是怎样的浪漫？不要担心服务员，大厨和服务员在另一个沙丘的背面，没有人打扰你们。

中卫有一片无人区，那里有史前先民留下的大批岩画，我们有个大麦地岩画咖啡探秘之旅，等你岩画看累了，想歇息，管家早已搭好帐篷，煮好咖啡，布好下午茶，惊喜吗？我们每到一个地方都会去分析：当地最大的特色是什么？然后把这个特色做成一个很难复制的产品，这才是我们的“二消”。

M：中国民宿业未来方向在哪里？

X：这两年民宿行业一直在走下坡路。从2017年开始，民宿的入住率在下降，不是民宿客人在减少，按照国家的数据来看，入住总人数是在上升的。也就是说，整体是上升的，具体到某一家民宿，入住率和客单价却在下降。主要是这些年发展太快，民宿数量太多，原先一家民宿四五间房很正常，但是现在动不动就四五十间，房间太多了，供大于求，丽江、大理和莫干山民宿的入住率就明显下降。另外，早几年人们觉得住民宿是一件非常时髦的事情，但是现在发现到处都是民宿，那种心理就没了，就从想住变成有需要才住，这也造成了影响。所以很多民宿现在除了卖房间，也在卖其他的东西，希望能够让客户多消费。我觉得以后的民宿，体验消费是一个趋势。一个行业在走下坡路的时候，大家都要想办法自救，最终做得好的还是会留下来。

张斌：在中国适合隐居的地方做隐居

【人物简介】张斌，上海隐居酒店集团总裁。有 10 年投行、12 年锦江集团的丰厚经验积累，50 岁时创业隐居。

【坐标方位】上海、蓬莱、大理、杭州、桂林、镇江、泰安、扬州

M: 美宿志
Z：张 斌

在中国适合隐居的地方做隐居

M：您创业的初衷是什么？

Z：我的梦想是做一个大的酒店集团，所以我跟团队的目标是打造一个伟大的酒店品牌。第一年，我们创立了自己的品牌，自己做。第二年，隐居发展到一定程度出现一些问题，隐居的股东找到我，后来便有了新隐居的故事。

我们在上海创办了新隐居，并把我创业的模式以及隐居的酒店品牌放进去。2018 年 12 月 7 日，我们新隐居正式发布，我们当时的口号是“新隐居、新征途”。我们花了很多时间和精力做人员的整合、项目的整合、文化的整合，就今天来说，双方并购的整合基本已经完成。未来在中国比较有名、适合隐居的地方都会有隐居的项目。

M：您可以分别介绍一下隐居各个系列的异同吗？

Z：隐居有两个阶段，第一个阶段是公司重组，这是资本层面。第二个

张斌

阶段是品牌再造。品牌再造阶段，我把它扩大到两个系列，一个是城市系列，一个是景区和乡村度假系列。这是我从财务层面的思考，我认为做一个酒店集团，光靠度假目前还是有很大的压力，还是飞跃不起来。在乡村做度假酒店对我来说是背水一战，公司未来要壮大，要爆发，那么我需要城市度假酒店，所以我们从第二期开始就推出了城市度假酒店系列。一个是隐居繁华，我们最高端的奢华度假酒店；第二个叫高端隐居度假酒店，是隐居酒店的城市版，正好符合大隐隐于市。

未来，度假酒店要向城市进军，同时城市酒店应该向度假酒店看齐。酒店要有个性化、设计感、人文关怀，而不仅仅是睡觉的地方，所以我说城市酒店也要讲究个性化发展。增加在地文化和人文氛围是未来酒店发展的趋势。所以我就把隐居分为城市度假酒店、景区和乡村度假酒店，后者还分为两个系列：一个是景区系列，即景区＋目的地，主打的是景区度假酒店，主要在规模比较大的景区景点打造；还有一个乡村系列，在每一个美丽的乡村打造供城里人休闲度假的地方，我们叫隐居乡宿。我们是全服务、全系列的度假酒店，在国内的酒店公司当中我们还是第一个这么做的，涵盖城市度假和乡村度假。我们未来三年 300 家的计划就是靠这两大系列及旗下品牌来实现。

M：您觉得隐居连锁品牌与普通酒店连锁品牌的最大区别是什么？

Z：首先我认为酒店都应该有个性化。每一个酒店就像一个活的人，它应该有自己的内涵，没有内涵就没有灵魂、没有内容，所以我要求每一个酒店都不一样。我们也是做连锁，但跟普通的连锁不一样，普通的连锁是高度标准化，连设计、色彩、功能布局、房间大小都是一样的，没到酒店之前你就知道它是怎么样的。我们的酒店不一样，每个酒店都有设计感，你到每个酒店都会感到新奇。我们对外展现的内容都是不一样的，因为要展现文化特色。但是看不见的、内在的管理都是一样的，我们有统一的管理标准、控制标准、订房和会员标准。前台是个性化，后台是标准化，看不见的是统一，看得见的是个性化。我们的每个酒店都是有灵魂、有内涵、能说话的。

M：您认为在品牌连锁化的过程中该如何保持品牌的独特性？

Z：这是我们一直在思考的问题。我们未来要成为一个伟大的品牌，这个品牌要给顾客展现与标准化不一样的东西。我认为酒店应该有它的特殊性，我希望隐居能一直保持稳定的内涵。隐居这个品牌慢慢地形成了一定的形象，大家说到隐居品牌就想到，第一，它是中高端的酒店；第二，它在风景秀美，还有文化积淀的地方；第三，它很有设计感。

M：请您简单介绍一下隐居繁华系列作品吧。

Z：隐居繁华是我们最高端的一个品牌，是在城市中有历史文化底蕴的街区里展开。所以隐居繁华每一个酒店的建筑本身是会说话的，自带IP。有财务能力的人，他希望能住最好的建筑，住有故事的地方，比如一些设计师、文人、明星。我们开业的第一个月就有明星团队慕名而来，6间房，住了两天。他们喜欢有故事、特别的建筑。

上：隐居画乡
下：隐居繁华武康路店客房内景

隐居桃源

照亮乡村的明灯

M：隐居乡宿这个品牌怎么借助国家乡村振兴与精准扶贫这两大政策的东风来发展？

Z：这个也是我最近在思考的问题。从商业的角度来说，这个品牌有对公司财务上的贡献和对当地乡村社会的贡献，后者远远大于前者。如果仅仅是从财务层面考虑，这是不值得的，但是我认为有一种情怀在推动着我们继续发展，因为有这么多美丽的乡村，而且可以在无形中与国家的精准扶贫战略结合在一起。每一个乡宿在村里面都是一盏明灯。大家可以到我们松阳的隐居看看，松阳下面有个杨家堂，是一个300年的古村落，这个村里面出了100多个秀才举人，但是现在整个村落已经被时代淘汰了，年轻人出走乡村，只剩下老人和小孩，村庄里的人已经很少。我们在里面建了一个隐居杨家堂乡宿，杨家堂现在已经成为具有鲜活生命特征的一个景点，很好地带动了当地的发展。我认为这是一个活生生的扶贫案例，我们这个产业扶贫是真正起作用的，是真正有意义的、接地气的、符合当地需求的，也是能够把城市和乡村连接起来的纽带。所以如果我们的乡宿能够开到中国每一个美丽的乡村，就是对当地乡村很好的支持。除此之外，我们乡宿还会为大学生提供一个社会实践的平台和基地。当然这也需要政府的各项支持，个体的力量是远远不够的。

隐居拙政园三楼露台

刘少军：中国精品酒店第一个吃螃蟹的人

【人物简介】刘少军，皇家驿栈品牌创始人。

【坐标方位】北京、苏州、上海、黄山

M: 美宿志
L : 刘少军

横坐标与纵坐标

M：皇家驿栈品牌的创立初衷是什么？

L：皇家驿栈的定位直到今天也没有变，东方和西方之间是横坐标，传统和时尚之间是纵坐标，东方的仪式、东方的文化，加上西方的设计、西方的姿态、西方的科技，构成了皇家驿栈。因为在故宫的旁边，所以起名叫“皇家驿栈”，意思是“皇帝的小旅馆”，既皇家又平民，延伸出来是皇家品质、平民享受，这是皇家驿栈的内容。皇家驿栈的价值观和使命是打造新中式生活体验，延伸出来是教会一部分中国人先优雅起来，教会一部分西方人学会东方的优雅范儿，根据这样的核心不断去进一步完善内容。

M：请您简单谈谈皇家驿栈的文化基因。

L：其实许多人听闻皇家驿栈是一个讲皇帝故事的地方，就以为皇家驿栈一定是雕梁画栋，一定是古代的元素。其实不对，因为皇家驿栈没有那样

刘少军

的东西，皇家驿栈对文化有自己的看法和理解。

皇家驿栈要讲的故事，一定是中国的故事，一定是中国文化的故事，一定是中国人对文明所做出的不同的约定。用西方人读得懂的方式传递出去，这就是皇家驿栈。所以皇家驿栈不仅是古代文化的简单复制，也不仅是古代生活方式的简单复制。一个酒店，其实是对生活的一种理解，是对生活方式的追求，表现在衣食住行这些方面。其实酒店就是生活方式的一个载体，一个酒店真正核心的味道，应该是文化的味道。

M：皇家驿栈一直在做着布局全国甚至海外的准备，目前布局的状况如何？

L：目前开业的有四家店。第一家是北京前门店，讲水的故事。原因是它的地理位置近水；坐落的位置原是老澡堂，与水有关；水在中国文化里享有至高荣誉，上善若水，所以决定在那里讲个关于水的故事。为了把水演绎得淋漓尽致，恢复原来皇帝出行时，净水泼街、接风洗尘的理念。

苏州木渎店原就是皇家的驿栈，乾隆六次到过那儿，看戏、接待当地官员，和珅、纪晓岚都在那里住过。“上有天堂，下有苏杭”，苏州最好的是园林，

本篇图片均为皇家驿栈北京店

我们延续了小桥流水人家、琴棋书画诗酒茶、赏花听昆曲这样的生活方式。

上海新场古镇的皇家驿栈讲的是上海的故事。上海是东西方文化最早混搭的一个地方，它的文化就是“乱”，最高境界和最高追求相融出腔调。为了把腔调做足、做好，我们在每个房间做了灿烂的星空；院中设有园门、茶室等东方的元素；顶楼格子间做红酒雪茄间……所有的细节都是东西方文化混搭风格，提取东西方文化不矛盾的一个部分。

黄山水墨东篱在碧山镇一个村子里，传说碧山镇上也有陶渊明的故居，背对碧山，正对南山，“采菊东篱下，悠然见南山”就出自那里。水墨东篱有三间“墨”的房间，十间“水”的房间，剩余四间房间主题为“篱”，都有诗，并且我们请著名书画家为每一个房间创作出一幅画，把主题深化。

我们正在筹备的店在北京的鼓楼。中国有四方街，我们的四方街会以鼓楼为中心，保安要巡逻打点，所以会讲一个时间的故事，到了每一个时间点，都会有不同的表现形式，打不同的点。

颠覆与传承

M：请您简单讲讲未来科技版的皇家驿栈。

L：第一，把“健康”这一核心理念扎扎实实引进来，打造健康的生活方式。下一个突破点可能是温泉酒店，把中医养生、调理身体的方子梳理出来，与温泉元素相结合。第二是“再造梦境”，利用成熟的裸眼3D技术和全世界最牛的团队合作打造主题梦境。比如你喜欢Hello Kitty，就打造Hello Kitty主题，类似在梦境里，用设计的方式、利用裸眼3D的技术实现私人商品的转换，这个做好之后成本就会显著地降下来。

M：您如何理解当下中国的文化酒店？

L：要在文化前确定一个非常精准的定义，这样展现出来的酒店才是文化酒店。文化是不能输出的，只能互鉴，正本清源找到核心价值观非常重要，发扬了这些价值观，中国酒店就会更有文化内涵。

M：您参加过这么多的采访、讲座、论坛，做了无数次的演讲与分享，其中有哪一场是特别令您印象深刻的？由于什么原因？

L：所有分享都令我印象深刻，尤其是2008年的时候。2008年的北京奥运会使全世界的目光聚焦北京，200家酒店里只有皇家驿栈是设计酒店、精品酒店，其他都是标准化酒店，所以我们被全世界的旅游媒体、酒店媒体、设计媒体着重采访，甚至得到BBC等媒体专门报道，也因此在世界酒店的奢侈品展台上出现了中国人，就是我和当时我们的销售经理。3月份我们的品牌还没有上市就已经在世界上打响，是真正的第一家中国“网红”酒店。奥运会开幕后，很多的国家领导人和大牌企业家入住皇家驿栈，我当时接待了卢森堡的国王。11月19日，在《福布斯》杂志评选“全球最受商务人士喜爱的12家酒店”的活动里，有132家世界500强酒店的CEO接受采访，投票结果是皇家驿栈品牌排名第一。

M：现在皇家驿栈已经在做品牌输出，品牌输出的概念在当初萌生出做孵化器这一想法的时候是否就已经成型？发展的情况是否符合您的预期？

L：我与租不起写字楼的科技公司对接，给他们免费使用，把租金折合成股份，占他们科技估值的1%，然后我的孵化器就有了。

我去看物业，位置打动了我就先租了下来，想了半年才决定做酒店。我们想到了一个文化创意，找到了自己的定位、找到了使命，构造了一个好的品牌，并且把它变成了一个能够盈利的商业模式。我们回到一个中西方结合的健康生活方式的概念，做一个类似于品牌输出的理念，品牌梳理得越来越完善，整个品牌孵化的逻辑在逐渐建立，最终实现了连锁经营。

M：皇家驿栈的目标是成为酒店业的“苹果”，能否分享您提出的将酒店“艺术品化”这一理念？

L：在“互联网+”的大背景下，皇家驿栈也要颠覆酒店业的一些传统模式。我们要把当代文化做到极致，甚至做到艺术的程度，这个生活方式就能够得到有效的售卖。所以我们是在搭建一个O2O的平台去展示各地的生活方式。

我们找能让欧美人听懂的设计师讲中国故事，做不仅健康，呈现方式还漂亮的创意宫廷菜，手写菜单。每一道菜都有一个皇帝的故事，比如有一道菜叫“毒药”，讲的是庄妃劝降洪承畴的故事，用的是紫砂壶，放了当归、枸杞等一些滋补的食材。

殷文欢：时光不语，寒舍不同

【人物简介】殷文欢，寒舍创始人。

【坐标方位】北京、天津，海南、江苏、湖北

M: 美宿志
Y: 殷文欢

给喧嚣的城市找一个出口

M：您当初涉足民宿的初衷是什么？

Y：机缘巧合，一天，北京郊县的一个村干部联系到了我，说他们村出产的山楂品质很好，就是村庄太偏僻，路不好走，山楂很愁卖，希望我去收购他们的山楂。我一到那里，就被惊到。这个叫干峪沟的小山村，漫山遍野的7000株山楂树，结满了红彤彤的山楂果，40多座石头房子随性地分布在黄土地上。和很多空心村一样，干峪沟村只有十来个老人和孩子还在住着，那些没人住的院落，残败不堪。他们的生活方式还是很传统，用老旧的方式挑水、劈柴、生火、做饭，饭点的时候，炊烟就从院里飘出来，这个场景既陌生又熟悉。我们已经习惯了城市，城市热闹，可是也狭小。平时想和朋友聚会，去餐厅太吵，家里地方又太小，如果有个世外桃源般的地方，周末和朋友来小聚，聚完还有各自的休息空间，那该多好！这样的想法一直在我的脑海里挥之不去，城市工作和生活的节奏越来越快，城市越来越拥挤喧嚣，人们总是需要一个出口去放松，去调整的。这个出口是什么？就是自然乡野，就是

殷文欢

丛林山谷。在自然的地方打造一处环境优美，设施完善的高端生态度假目的地，应该会有很大的潜力和发展空间。

M：开发之初的困难主要是什么？

Y：刚开始做开发喜忧参半，虽然我们兴致勃勃，但是村民也有反对的声音，他们有自己的顾虑。这个项目会不会改变他们原本的生活方式？在他们的传统观念里，村里的院子、建筑，是要留给子孙后代的，租出去后，还是不是他们的房子？租给我们后，能不能保证村民收入增加？不仅要解决宅基地，还有自留地，集体果树，还有之前闲置的一些老百姓共建的资源等，这些资源到底怎么核算是难点。村民参照县城及县城旁边的改造村和搬迁村的拆迁条件来考虑我们给出的政策，有很多质疑和反对，往前推进非常艰难。

在具体实施上，也有很多的困难。第一，因为政策红线多，比如村民宅基地的房子能不能用于经营。第二，经营者也有限制，只能是本村的村民，那我们作为外来人可不可以有同等的待遇。第三，消防能不能过，如果前置的条件都不能够认同，那么也不可能拿到工商部门的经营许可。后面包括卫生防疫相关的证件、税务局发票等都是一连串的问题。

M：如何解决这些难题？

本篇图片均为北京密云区干峪沟村山里寒舍

Y：我们首先和支持我们的本地人及村干部一起讨论，经过讨论以后，决定以租赁的方式来解决。法律只支持租赁20年，我们想有更长的租期，找了很多的律师一起参与筹划设计，最终找到了一个路径，政府接受，老百姓也欢迎。具体来说就是合作社加进来，成立一个合作公司，给老百姓的房租变为分红。以成立合作社的形式，把村民的利益集合在合作社里，让他们作为项目的工作者来参与。这样一来，村民不仅可以作为工作人员来工作，也可以把一些农产品，比如果品、蔬菜、柴鸡蛋等，通过我们的平台卖给消费者。

形成利益共同体后，问题就好解决多了。从过去的七八年来看，应该说还是蛮成功的，个别的老百姓有些特殊的诉求，我们也能够接受，而且也有很好的路径去化解。

机遇与挑战

M：寒舍的企业文化是什么？

Y：我们一直都强调，企业对社会、对员工，是有责任的，同时要讲经济效益。我们寒舍文旅在河北、吉林、江苏、浙江、广东等地顺利扩张，也和我们有责任有担当的企业文化有密切关系，事实证明，效果很好。那些曾经废弃的民居、宅院、米仓、围龙屋，在我们注入统一的管理模式、统一的品牌、统一的市场营销和网络体后，它们摇身一变，成为设施齐全、设计古朴的，适于旅行度假的非标住宿酒店。水岸寒舍、湖畔寒舍、海岛寒舍、田园寒舍、老家寒舍都是这么一步一步地走出来的。

M：寒舍未来发展有什么计划？

Y：在我国很多的市县尤其是三四线城市，有大量好的、分散的小酒店资源，这些资源的持有者很多是市县政府下面的旅投（旅游投资）或者城投（城市投资）公司。这些小酒店或者小的公共空间当初是作为外部招待的用途。随着这几年国家政策发展，这些物业已经发挥不了当初的用途，政府就希望找一些运营比较优秀的企业把资源盘活。作为我们寒舍品牌的延伸，我们跟政府有很多接触，帮助政府把一些闲置资产利用起来，发挥它的价值，实现政府、企业和当地百姓的多赢。

随着生活水平的提高，老百姓度假需求在快速增长，非标住宿产业在未来有很大的空间，国内很多省市都是这样的情况。我们希望把寒舍品牌成熟的管理经验，通过输出托管来实现收益，这是我们除直投以外的又一个比较大的经营板块。

现在是5G时代，我们将来要通过与国内外电商平台的密切合作，将寒舍的资源优势和品牌优势发挥出来，为人们旅游出行提供一处“住进旧时光”的超凡体验，也为新时代乡村“青山绿水”“扶贫攻坚”的国策贡献自己的力量。

从旅游到度假

M：您对民宿和精品度假酒店如何理解？

Y：在转行民宿之初，我曾带着妻子去西方的民宿、非标酒店看看，获得一些灵感和经验。我印象最深刻的一家民宿，是位于加拿大落基山脉上的三峡谷（THREE VALLEY GAP）中的一座精品酒店，说是酒店，我觉得应该叫度假小屋更恰当。在我的理解里，度假是在一个地方沉浸下来，我把它叫作短暂的隐居。

我第一次走进那个度假小屋的时候，看见一位年纪很大的老人家正在帮客人们烤肉。我当时想，这么大岁数早该退休了，后来我知道，他已经70岁了，可还在从事这个行当。酒店的服务员也不是国际酒店里那样清一色的年轻漂亮的服务员，他们很多年纪都很大了，都是本地人。主人帮你烤肉，照顾你，晚上还会为你做一些表演，向你展示当地文化，很有家的感觉，又融入大自然中。导游告诉我们，老人是这儿的老板，他们夫妻20岁就来到这里，这座小屋里的一切都是夫妇俩50年里慢慢摸索、积累而成的，夫妇俩用尽一生的心血去琢磨，怎么让住在这里的人们欣赏到最好的景、最好的月光、最好的星空……这一切要做到位很难，所以他们做得很慢，但确实非常有味道。这样的旅游产品在当时的国内来说，是十分稀缺的，这样的产品实在是太有市场了。

这次独特的体验给了我很多的灵感和启发，山里寒舍也由此重新定位，立志要成为乡村度假精品酒店。同时，寒舍品牌也定位为精品度假酒店，这一定位的确定，给日后寒舍品牌在全国的布局指明了方向。

M：据了解，寒舍已经在日本和法国等地进行海外布局？

Y：是的。我们在日本北海道和法国波尔多开设了分店。我们买下有当地特色的屋子，配上管家和阿姨，料理旅游周边服务和家务。从管家到阿姨都是中国人，就是为了方便与中国客人沟通。管家负责料理客人们的旅游周边配套服务，比如租车、去景点玩儿、带你体验当地生活等；阿姨都在50岁以上，主要负责打扫卫生等家务活。

我喜欢隐士的风格，也乐于去体验“静”的元素，乐于它融入我们的旅游产品中。我相信，未来的旅游会慢慢地演变成度假，是那种不带任何情感负担、应酬压力，买张机票就去的很放松的状态。倒完时差，就去教堂里唱唱歌、去二手市场淘淘旧货，去自由市场买点菜。从走马观花式的旅游向深度游、体验式旅游的转变，这是旅游度假产业的大洗牌，也是人们重新认识一个国家或者区域的契机。

M：寒舍未来的发展有哪些计划？

山里
寒舍
SHANLI LOHAS

Y：针对未来文旅市场的需求，寒舍文旅重点打造了家庭农场项目。

我们将重点针对客户群体深耕细作，除了让客户感受到作为农场主人高品质的实际体验感，还为每一位客户提供了定制化管家服务，让产品更有温度。全球换住政策的加入，也体现了寒舍文旅强大的企业实力。

许鑫明：最有价值的地方最有竞争力

【人物简介】许鑫明，诗莉莉创始人。

【坐标方位】泸沽湖、大理、丽江、黄山、金华、桂林

M: 美宿志
X: 许鑫明

爱与美的共鸣

M：诗莉莉项目在选址上有什么要求？

X：首先，诗莉莉瞄准的都是流量级的旅游目的地。诗莉莉现在在大理、泸沽湖、黄山、阳朔等一线景区都布了局，发展得还不错。这些选址的共同特点是交通触达性高、风景绝美、气候条件好、不存在明显淡旺季。还有一个重要原因是这些地方有都市圈输送游客，如江浙沪辐射黄山、川渝圈辐射云南、珠三角辐射阳朔。

其次，诗莉莉会在这些目的地最稀缺的位置开店，可谓优中选优，因为这样更能产生爆款。什么时候开店，去哪里开店，最关键的因素还是在于是否遇到了符合诗莉莉品牌标准的地方和物业。一旦找到了，就要全力打造属于它的“诗莉莉气质”。有一双擅长发现最美角度的眼睛，就是我们的秘诀。

许鑫明

M：诗莉莉的设计如何体现“泛蜜月”的主题？

X：拿我们在大理的诗莉莉·爱的美宿馆举例。这家店位于整个大理城中最好最核心的地段——下关镇滨海大道，是诗莉莉首家品牌旗舰店，首家真正意义上的城市酒店。爱的美宿馆的区位极佳，是观赏集洱海、苍山、大理城为一体风光的黄金地段。可以毫不夸张地说，在大理的其他地方如果你想感受洱海全景之美，要走上整整145公里，而在我们的诗莉莉·爱的美宿馆，你只需一眼眺望便可。景色极为开阔，在它的旁边，就是当地观赏湖景最好的去处之一——洱海公园，从白天到夜晚，这里都向游客开放，黎明之时或傍晚时分，海心亭都是最适合吹海风的地方。并且，从这里去往当地机场以及刚刚开通的高铁站也十分便捷，不过十余分钟的路程。真的就是优中选优，给客人“万千宠爱于一身”的尊贵感和便利性。

可以说，整个美宿馆的使命，就是点燃爱的欲望，就是要你一见之下，就想要来住下，想要拉着爱人的手一起来打卡。但是，如果你回过头去看我

们诗莉莉在大理的第一家门店，就会发现，它的气质风格，已经有非常非常大的区别。可是，又还是很诗莉莉，核心理念都是爱与美的共鸣。

我们希望每一家诗莉莉都藏匿着一种爱的形式，都是一个开放的、与众不同的超链接体，能链接到一群有消费能力有想法有态度的人。他们受过不同的教育，走过不同的地方，有不同的社会阅历，可是，都有同样的对爱与美的追求。

M：诗莉莉品牌目前经营发展的模式是什么？

X：我们采用一品多牌，一区多店的模式。同一个地区，会有三个不同侧重点，不同消费能力和消费偏好的诗莉莉，主打浪漫色彩的泛蜜月品牌、体现高端轻禅的普若品牌以及一般旅行住宿产品。管理过程中采取总部 + 区域制的形式，由总部统一输出各项标准并灌输至各区域店长，同时设有专门的督导小组保障门店的执行效果。

上：大理诗莉莉·爱的美宿馆
下：大理诗莉莉·海上白宫

继续深耕度假板块

M:诗莉莉未来的发展方向是什么?

X:继续深耕度假板块,向更多有价值的旅游目的地布局,产品上倾向于更大体量的酒店或度假村,并且适当开放加盟,寻求规模的突破,让诗莉莉的度假版图更坚实。

M:请您介绍一下诗莉莉的产品体系。

X:目前诗莉莉一共规划有7个子品牌,如泛蜜月、美宿馆、普若、慰颜等,从中端到高端,全面覆盖度假领域。泛蜜月是起源品牌,主打浪漫;美宿馆偏向时尚轻奢,制造流行打卡;慰颜定位文化遗产度假村……每一个品牌都有它独特的定位和市场。盈利考验的是综合能力,从前面说到的选址秘诀、到产品打造,再到营销、日常经营管理,每一步都需要下狠功夫,因为现在的竞争格局变了,更为激烈了,需要真枪实干才行。

M:您比较看好中国哪些地方的民宿发展?

X:大理算是一个,大理可以说是唯一一个交通、气候、自然环境、历史文化都具备充分优势的地方,也正因为如此,大理竞争尤为激烈,但仍然有好的作品不断地脱颖而出。其次,江浙片区我们也非常看好,我们也在尝试往这块发展。

M:一家优秀的美宿应该具备什么样的特性?

X:需要对市场变化、消费者需求变化具有敏锐度,并且不断地做自我革新,更多是经营思维上的革新。民宿通常更倾向于表现自身个性,容易忽视日新月异的消费者偏好。诗莉莉就非常执着于钻研消费者喜好风向,所以我们内部设有爆款研究院。譬如大理爱的美宿馆,是大理首个打造旋转天梯打卡场景的酒店,并且配备免费摄影师为客人拍照,就是抢先读懂了住客打卡分享的心理需求,所以一推出就获得广泛好评。这样的例子在诗莉莉不胜枚举。

最有价值的地方最有竞争力

M：诗莉莉的主要竞争力在哪里?

X：引用一句话："诗莉莉成功的地方不在于它的运营形式，其实根源就在于它的品牌价值和商业逻辑，找准快和慢的那个最佳结合点，用工匠精神和精准定位去塑造品牌，才是关键。"我认为这可能就是我们的竞争力，因为最有价值的地方就最有竞争力。

M：在活动策划方面诗莉莉有哪些创新之举?

X：无论线上还是线下，诗莉莉策划活动都围绕一个核心点，就是品牌核心理念的传递，传递爱与美的价值。比如我们把融资发布会办成浪漫婚礼，更有品牌总监现场求婚、情侣献吻；双十一我们搞线上版的非诚勿扰，帮诗莉莉的粉丝们牵线，活动报名火热，成为行业社群营销经典案例。

M：诗莉莉如何与在地文化相结合?

X：以诗莉莉泸沽湖的酒店为典型，我们会在设计上融合当地摩梭元素，比如用材、色彩运用或者当地特色装饰品等，其次酒店也会提供一些在地化的体验，比如摩梭人的走婚宴。当然，在地文化其实也不一定是某种具象的元素、符号，它也可以是一种感官文化，比如大理的诗意和浪漫，那我们大理的作品在设计时就会尽量去展现浪漫，比如星空房、玫瑰汤池这些小的惊喜。

黄山诗莉莉・青梅学社

屈立华：世界在左，我们向右

【人物简介】屈立华，左右客品牌联合创始人，致力于打造国内最有态度的小而美旅行宿地。

【坐标方位】西安、咸阳、洛阳、腾冲、无锡

M: 美宿志
Q: 屈立华

设计理念展现生活方式

M：请问左右客的创立初衷是什么呢？

Q：十年前，我们只想做一个有意思的文化空间。后来有了创立设计型艺术类酒店的想法，我们的初衷是想要做一个文化人心目中的小酒店，一个不一样的、“小而美”的小众酒店。

M：左右客这个名字的由来有什么故事呢？能否阐述一下左右客的品牌内涵？

Q：之所以叫左右客是因为在做酒店之前，我创办过一间画廊，叫左右画廊，因为有左右画廊才有了之后的左右客这个名号。

2013年，我们开始提出“世界在左，我们向右”的概念，寓指在现代化高速发展、一切快节奏的当下，我们追求回归传统、回归慢生活、回归本真朴素的生活方式，这种生活态度和设计理念就是左右客的品牌内涵。我们坚

屈立华

守“反工业化、反城市化、反现代化”的逆向设计理念，以老砖、老瓦、老木料、老石头、老家具、老土布为取材，借材料的质感，倡人文的情怀。

M：能否分享一下第一家左右客的故事？

Q：2010年盛夏，我们对西安高新区改革开放初期一个旧厂房进行改造，用42万块旧砖建成了第一家左右客酒店。一年建设期我们投入1200万，2011年9月开业，开业后很火热，在设计界反响也很好，到2015年三年零七个月收回投资额。第一家店算是很成功。因独特的建筑设计理念和文化创意荣获“2011中国休闲创新奖”，2012年获得世界酒店联盟颁发的“五洲钻石奖——最佳特色精品酒店”，2013年获第四届中国最佳设计酒店大奖的“最佳环保理念奖”，等等。

2019年初始，我赴上海参加《外滩画报》第十届最佳设计酒店颁奖典礼，特别有感触。当时，西安老钢厂左右客喜获“年度最佳酒店餐厅大奖”，其中印象深刻的是它的颁奖词：“将感官设计、当地饮食设计和住宿体验完美结合，您无须离开酒店，就能完成一次舌尖上的旅行……”在类型多样的海内外高端前沿设计型酒店中，在百位体验师严苛暗访、行业专家和知名媒体人层层票选中脱颖而出，这是对左右客原创设计理念最大的认可。

西安老钢厂目前是我们耗资最大、耗时最长、工程难度最大的一个项目。我们改造20世纪50年代苏联援建的老厂房，全部保留原建筑的梁柱墙和顶，

上：咸阳礼泉袁家村左右客
下：西安高新左右客

在内部空间搭建独立钢架结构主体。摒弃工业化装修材料，没有用一块工业用瓷片，地面、卫生间墙面全部用人工水磨石工艺。在大堂区域做了一面竖高13米、宽度4米、绿化面积51平方米的生态植物墙，自动灌溉、自动上水，在室内完成光合作用，现场效果很震撼。

M：能否跟我们分享左右客品牌从陕西走向全国的布局情况？

Q：我们一开始并没有想到要把左右客做成一个品牌。因为一家店被推崇并且拥有一定的客源和粉丝流量，才能有后期顺其自然的一家一家店的投资落地。2014年开始，我们有了把左右客打造成一个设计师酒店品牌的想法，在品牌可持续发展的情况下，品牌的布局不会显得刻意为之，因为左右客不是传统意义上的运营商，而是生活方式和生活美学的传道者。

之后的重点会放在输出设计、输出品牌、输出管理上来，扬长避短，做成功的文化设计公司。一个品牌的发展最终不能大而全，一定要小而美，做任何事情都应该专注于自己最擅长的一个点上。

独创来自文化觉醒

M：能否谈谈您对于文化酒店行业品牌的看法？

Q：我之前去了上海的田子坊，重点看一些小店的设计，像画廊、小工作室都在一些老房子所在的区域，其实有个性的东西较少，但吸引人的是每到一个场所会有标识，故事性强，有一些手绘地图的设计。其中某个胡同弄堂里有个小菜馆，里面很有味道，类似日式的小店，有很多上海的老照片，坐满了人。我们做旅行文化的人，要学会对文化进行提炼。

一个村子就是一个民宿群，旅游文化小镇的打造都少不了艺术家和媒体人，所有的投资都是创意和策划在先。现在最缺的就是创意和设计，文化被遗忘得太久，同时我们的思维被外来的很多东西影响，没有原创的设计，以及与国际文化结合的意识。

M：所以，最后还得讲到文化自信。

西安老钢厂左右客

Q：是的，其实我们做的就是文化自信。大众对文化的理解不一样，他们觉得文化的符号就是文化，然而真正的文化是深入血液和精神的，一定是有它的道理和来源的。日本和我国台湾的设计都是我们东方美学思想融合的体现，我们在设计、审美上都要相互学习和交流。设计要来自本土和原创，才容易被人认可。

我们的文化感觉是独创的，来自我们的文化觉醒、设计的理念与别的酒店大不同。左右客在全国挑选出一些行走设计前沿、有个人独特设计理念的空间设计师，我们鼓励设计师把整个酒店做成一个空间作品，誉为设计师酒店。可能很多人是冲着设计师的风格去的，我们能做的就是筛选、确定、引导。

钱继良：创业者要有冒险精神和乐观精神

【人物简介】钱继良，西坡集团创始人兼董事长、莫干山民宿协会会长。

【坐标方位】杭州千岛湖、湖州莫干山、宁夏中卫、宁波象山

M: 美宿志
Q: 钱继良

解读西坡

M：您基于什么原因开始打造西坡？

Q：我从 2009 年开始做这件事情。我觉得中国乡村还是非常有投资价值的，随着中国城市化的快速发展，越来越多的客群和城市人群会慢慢往乡村倒流。从某种角度上说，需要在尊重商业模式的前提下再去讲情怀。情怀需要建立在商业的基础上，而不是说情怀先行商业滞后，这是符合市场规律的，我们就是基于这样一个契机。

M：莫干山的哪些点触动您，让您最终留在这里继续做民宿？

Q：那时候在莫干山转了转，我觉得这个地方特别像我的老家，可是我的老家已经被拆了，回不去了，这是一个点。还有另一个点，就是机遇，那时候村子里的老建筑一户一证，我觉得这是稀缺资源。那个时候，村民的房子是闲置的，我想，这样的资源利用好，能够使它产生更多的附加价值。原

钱继良

先我们做的时候还没有想到乡村振兴、为当地老百姓做点事情，做着做着才慢慢明白了，回头看看我们做的确实是非常有价值和意义的事情。

M：租房子和修缮房子的过程是否顺利？

Q：起初是不顺利的。比如说，原先我租的十座旧房子都散落在山谷里面，由于乡村宅基地的年代久远，归属界线不大清晰，村民间会有争议，我们也只能去了解、去解决。不过过程中都还好，没有什么特别困难的事情。我们自己则走了不少弯路。比如说屋顶，原先的屋顶是用油毛毡打的，因为我们山区有很多的毛竹，竹叶上的水被风吹到瓦片中就会漏雨。还有民宿的隔音、设施设备等问题。起初，为了环保，我们用的是太阳能，后来天气给我们出了难题，我们就从太阳能改用颗粒锅炉，从颗粒锅炉改用柴油锅炉，再改用清洁环保的空气能……这样一路折腾过来的。

还有就是政策方面，当地的政策原先也不明朗，但是近几年不断有好的倾斜政策出来，政府也越来越重视民宿产业的发展了。

M：西坡的名字有什么含义在里面吗？

上：接待中心

下：外景

Q：有一天，一位师傅在砌墙，他说，钱老板，我们的项目是在莫干山西面的山坡上，我们叫它“西坡”好不好？当时没觉得怎么样，后来跟身边从事策划的和公关的朋友聊了聊，都觉得挺好。他们给出的解读是：“西”字代表开放和包容之意，“土”字旁的“坡”代表在地的。所以今天西坡的每一个项目必须是在尊重当地文化风貌建筑的基础上，以国际化的方式来落地的，同时也解决了业内普遍存在的项目同质化问题，既尊重了在地文化又符合当下的审美和需求。因此，我们的名字可以说是由一个砌墙的师傅给起的，再由团队进行解读的。

1+1 ＞ 2

M：内部人员的结构是怎么样的？

Q：一开始更多的是我的家人和当地居民来做这个事情。2013 年，我们的集团总经理加入之后，慢慢把公司带到了正规的方向去发展。2015 年，我们面临了品牌化、规范化发展的问题，是家庭化，还是公司化？两拨人的理念是不相符的，这也是我做民宿这些年来最不好受的一段时间。鱼和熊掌不可兼得，最后的决定是：品牌化、规范化、连锁化发展。

M：由家庭化走向公司化的情况顺利吗？

Q：还算比较顺利，没有盲目扩张，坚持数量一定是服从质量，我们希望做到八成的项目能盈利。光靠情怀和喊口号是支撑不了可持续发展的，只有做到落地的项目能够有合理的盈利模式，你的模式才可复制和持续。还有行业在不断地发生迭代，要有好的学习和推进过程中调整的能力，这个也很关键。

在这条路上走得久了，不断在思考，现在我们有自己孵化的懂乡村设计的独立团队，也有紧密合作的软装公司，多条腿走路。我刚才还在跟行业内把旅行产品、旅行线路做得好的同行交流，我需要向他们去好好学习。希望有更多的审美和价值观相近的团队去做更深入的合作，目前就在思考和做这事。

M：未来单体店和集群，您觉得哪一个方向会比较好走？

Q：都有存在的必要性。这段时间经常跟朋友在一起讨论民宿集群的事情，比如宁夏中卫的黄河·宿集这个集群项目的经历和取得的效果，我认为集群的方式发展是个好事情。

M：您认为，未来民宿发展过程中集群式发展的意义在哪里？要注意什么问题？

Q：民宿集群式发展非常有价值和意义，在业内是一个探索和沉淀经验的过程。我们可以看到它的优缺点，不可否认的是优点大于缺点。我们希望找到一批志同道合的，品牌上有差异的伙伴，大家都能本着“让一步”的基础把自己的产品做好。品牌之间我们必须有竞争，只有不断地竞争，整个行业才会不断地发展。集群那种叠加效应远不是单家能做到的。

乐观精神看待行业

M：在您看来，要做好单体店需要具备哪些条件或者元素？

Q：我个人觉得做一家单体店是一件挺幸福的事情。先把产品做好，一般的单体客房数也不多，把服务和体验做好，增强客户的黏性。找准目标客群的真正需求，延伸点上再精准地挖一挖，站在客户的角度去思考。我觉得挖好这口井并不难。

M：站在合作方角度说，您觉得政府在发展民宿方面需要注意哪些问题？

Q：我觉得引领性的集群和项目对当地带动力量是非常大的。政府也需要有这种决心和毅力，把那些优质的民宿召集和吸引过来，给予优质的政策扶持和倾斜。

M：您对民宿行业未来的发展看法如何？

上：客厅

中：客房

下：梨树吧台

西坡老康家外景

Q：任何新事物的产生、发展，都是要经历漫长的过程和各种挑战的，尤其在市场经济发展下，产品多样性也更符合市场需求和消费者喜好。

作为民宿行业的工作者，我身在其中，所以了解更多更深刻；我也更贴近客户，所以对民宿行业更加充满信心。面对媒体和社会关注，我们有信心有能力推动民宿行业更好发展。我个人还是比较看好这个行业，作为创业者也好、企业家也好，身上必须保持好奇心、乐观精神来看待未来和行业。

M：您希望西坡未来的最佳状态是什么？

Q：希望通过不断摸索去找出最适合西坡的盈利模式，把握好节奏。速度和品质方面，我会更注重品质，未来才有机会对接优质的资源。西坡就像一条船，不要一味追求速度把自己变成一个“胖子”，最后转身都难。

李云东：心若浮云，何必远方

【人物简介】李云东，浮云牧场联合创始人。

【坐标方位】四川

M: 美宿志
L : 李云东

最好的设计就是去设计

M：浮云牧场地处比较偏远的阿坝州，海拔 2680 米的半高山上。当初为什么考虑选址在这里？

L：这是一群男人的故事。2016 年 3 月流转了 300 亩土地，就想着干一番事业，想法十分简单也十分质朴：要是建好了市场反应不理想，大不了将来自己用来养老。一次次打磨、核算，一期只建了6间客房，12间帐篷房。现在看到的这些，是后来慢慢增加完善的。

M：民宿建设的前期困难有哪些？

L：困难是肯定有的，还挺大。在海拔近 2700 米的荒野之中孤军奋战，路不畅通，缺氧、缺水、缺电、缺服务人员，什么都缺。一年 365 天，早晚是冬天，中午是夏天，昼夜温差非常大，我们还是坚持下来了。从策划、规划到设计，从施工、筹备到试运营，从运营管理到营销推广，我们是一步一

李云东

步蹚出来的。山区缺水，我们请当地村民带着我们的股东，走遍整个山头寻找水源，小到筷子头大小的出水口都不放过。最后把能用的水源都收集到一起，预埋了足足30公里长度的水管网，建立起我们自己的水源供给系统。

一开始，本地村民完全不了解，从看稀奇，观望，再到主动询问我们："未来我们可以怎么从浮云牧场赚钱？"从一个村民到几个村民，再到一群村民，他们慢慢地融入和支持我们的工作。游客来了以后，对周边农产品的消费需求大增，村民开始养山羊、养土鸡、开农家乐，他们也逐步脱贫致富。你会发现乡村旅游真的是富民项目，你会因为帮到他们而有成就感。

M：施工中怎么解决遇到的困难？

L：设计施工中，最难的是沟通和执行。民宿是非标产品，没有标准化可言，一切的设计，都要契合项目当时的实际气候，与地理环境深度融合，没什么可以挑挑拣拣的。可是又要有标准产品的规范和要求，少一点就是不达标，还要有民宿产品必须有的温度和情怀，这个度的把握，有时候确实是很难精确地传递给施工人员，要有比较多的沟通。

我们希望，牧场的任何功能设计，都不要带有太多设计的痕迹，自然一些，

上：牧场景观
下：无边泳池

不要那么突兀。而施工过程中，总有些工艺不好实现，这个时候最好是和施工的匠人们深度沟通，他们是最好的匠人，他们有些想法会带给你惊喜。最好的设计就是去设计，化烦琐，一切就刚刚好。当时真的有太多具体的困难和问题，现在回忆起来，都不难了。做事嘛，有困难很正常。

M：浮云牧场如何把自然资源、羌族文化和时代需求融合起来？

L：我们当初就是奔着这个目标做文章的。浮云牧场地处羌族地区，周边还有羌族遗留下来的羌寨遗址、碉楼。要做足民族文化的文章，凸显出这一点才不会泯然众人。所以，我们思考能不能在最民族的地方做国际化的产品。根据这里的环境情况，我们做了一个大胆的设想——做一个牧场风格的产品。由此我们在项目设置过程中就紧紧围绕牧场、阳光、度假、体验来做产品。我们设计的高山牧场，养了很多小羊，小朋友来了可以近距离观察小羊，给它们喂草，小姐姐可以用小羊作为拍照的道具，白色的木栅栏和绿草地，以及远处的高山、云海，都是很好的摄影元素。

阳光是浮云牧场的特产之一，还有我们的无边恒温游泳池，云海中的浪漫，处在高山之上，又是另外一种浪漫体验。在住的设计上，我们一共上线了四个风格和价位的房型，帐篷房、水晶玻璃房、极致云景房和天际云景房，是出于成本核算，也是为了丰富产品线，满足不同消费需求。四种房型推出后，效果挺好的，最热的时候，要提前三四个月预约。

生活需要慢一点

M：是什么促使您选择进入民宿行业？浮云牧场承载了您怎样的文化理想和生活美学？

L：我最早是从事旅游营销，后期转向景区运营，再到景区规划设计，走着走着就再回到乡村建设和乡村振兴。“回归”，是我选择进入民宿板块最大的动机。既是工作范畴的回归，也是人生心态的回归。

而今，旅游走上质量发展之路，开始呈现观光、休闲、度假并重的发展态势。民宿必将是乡村建设、乡村振兴的最好切入口。做一些类似于浮云牧场这样的“小而美”的旅游项目，可以完美地把工作、爱好、生活结合在一起，何乐不为呢？有人说，民宿需要主人，需要情怀，其实回到每个人的内心来看，民宿不就是自己和自己相处的难得之所吗？所以，我的理想民宿，就是建筑长在自然之中，不高不低；服务长在人心之中，不卑不亢；体验长在自我之中，不紧不慢。在浮云牧场，我每天看云舒云卷，看到来自五湖四海的游客享受云中漫步的感觉，就觉得很美很好。

M：您希望游客在浮云牧场得到什么样的独家体验？

L：浮云牧场远离现代大都市，地处荒野，我们当初为了这一点大吃苦头，可这恰恰就是浮云牧场的独到之处，消费者就喜欢这种有温度的荒郊野外的体验。“浮云牧场，一个牧云的地方”，一个牧场有牛羊不奇怪，能够吃西餐不奇怪，一个牧场在山顶居然可以“牧云”才奇怪，这就是浮云牧场想带给大家的感受。希望每一位来到浮云牧场的游客，生活中可以慢点儿，捋一捋，再出发。

M：浮云牧场怎么平衡情怀和商业？

L：我不是设计师，我擅长的是项目运营。但我关注的角度只有两个方面，“谁来买单”和“为什么买单”。业主愿意买单的，应该是可以盈利的项目；消费者愿意买单的，应该是可以共鸣的情怀。所以，最后出来的项目，不应该浮夸，不应该虚无；既要有眼缘，还要有内功。

M：从浮云牧场这个项目中您得到哪些感悟？

L：做民宿，从什么时候开始都不算晚；做民宿，需要从长计议，需要产权，需要管理，更需要品牌和口碑；做民宿，是一种生活方式，不急不慢；喜欢民宿，是一种生活态度。

M：您对浮云牧场的未来有些什么样的期许？

L：浮云将继续坚持打造在荒野的极致体验，形成线路套餐产品，丰富产品体验。

餐厅

M：浮云牧场模式可以复制吗？未来会走品牌连锁之路吗？

L：我觉得是可以复制的，但是一定是有质感和一定标准的复制，浮云已经开始走向连锁化运营，浮云海子已经投入运营，其他产品也将陆续面市。

M：您对民宿行业的现状如何看？

L：民宿行业是乡村振兴最好的切入口。做得好是个一举多赢的好事，一方面消费者可以获得美好的体验，另一方面项目所在地乡村可以有很好的乡村振兴契机。这不是短期投机行为，是我们未来十几年甚至几十年的生活，慢点儿，用心点儿，岁月会回馈我们。

朱锦东：向莫干山的山水致敬

【人物简介】朱锦东，莫干山居图创始人、莫干山民宿协会副会长。

【坐标方位】湖州莫干山

M: 美宿志
Z: 朱锦东

对莫干山自然山水的致敬

M：您的民宿为什么取名莫干山居图?

Z：我喜欢文学和书画，历代的诗人、画家作品都有以山居作为内容和标题的，山居田园生活，是历代文人所向往的，我虽然不是文人，也不是画家，但我也向往田园山居生活。

2012年，我到莫干山开始创建山居图。我的房子位于莫干山庙前村村口，正朝南方向是悠远的山谷，山谷中是层层梯田；一条小溪经我房子的左边穿过山谷缓缓流淌，小溪上横卧着刻满岁月年轮的石砌拱桥；远处有山峰，起伏错落；山谷两边是起伏的山峦，把整个山谷缓缓包裹着；我身后立着四株800年树龄的银杏，一公三母，高低错落，俨然一家子。这就是我眼中、脑海里的画卷，完美的山居图。所以，我为自己的民宿取名莫干山居图，而且还通过了国家商标局的商标注册。我的莫干山居图，是对莫干山自然山水的致敬。

朱锦东

M：您曾做过公务员，后来下海经商，也曾经从事出版行业，这些经历对您开民宿有什么影响？

Z：就我而言，我的人生经历对我开民宿影响太大了。我曾经阐述过我对民宿的定义：民宿就是民宿主的立体再现。我是在农村长大的，童年时期，我亲眼见过村里的农民给我家建房子，建的是夯土墙，那场景现在还经常在脑子里呈现。我很小就学会了农村孩子会干的所有农活和家务事，后来又有很多的工作经历。我的大半生中也有许多的游历，去过国内外的许多名胜古迹。2012 年来到莫干山创建我的莫干山居图，让我大半生的人生积累有了淋漓尽致的表现。我没有请设计师，所以，大家现在看到的都是我的创作，我对建筑、设计、空间、色彩等的理解，所以说，民宿可以极大地激发民宿主的思想激情和创作欲望。如果你第一次来莫干山居图，你一定能感受到主人的年龄、兴趣爱好、人生经历以及主人的气质。如果说没有我的这些人生经历、所学所好，就不会有我现在的莫干山居图。

M：文化是民宿的灵魂，您如何看待主人文化和外地文化的重要性？莫干山居图如何融合这两种文化？

上：莫干山居图的图书馆由生产队会堂改造而成，玻璃屋顶采光极佳
下：拥有上万册图书的图书馆，不仅对客人开放，也对村民们开放

图书馆中陈列着大量书法绘画作品

Z：我们讲的文化是个宽泛的概念，不同的民宿主，不同的民宿，都会留下不同的文化印记，而且一定是本土文化和外地文化交融的，难以区分的。文化的属性也有其共性和个性的不同，你站在中国的角度或不同民族的角度来解释的本体文化或外来文化也是不同的。可能你的某个文化元素运用得很充分，很强烈，彰显出是本土的或是外来的。莫干山居图彰显的还是主人的特点，也可以说是主人的文化，但这个主人的文化到底是本土的还是外来的，是无法区分的，它是融合的，是本土和外来文化的结合。

M：在实际运营中，民宿情怀与商业利益冲突的时候，您是如何协调二者关系的？或者说您是如何把自己的情怀融入商业运营管理中的？

Z：情怀，是个中性词。当然，我们现在讲的肯定是褒义的，是向往或拥有美好事物的情感。我认为情怀和商业利益并不冲突，你的情怀越丰富，越彰显，你的获利机会越多。为什么人们喜欢有主人情怀、主人文化的民宿？因为民宿不仅表达了民宿主的情怀，而且也表达了客人的情怀，是客人所向往的，是你帮他实现了。只有你的民宿实现了客人的情怀，调动了客人的情感，他们才会向往你的民宿，来你的民宿，来感受你的民宿给他们带来的温暖，感受不一样的家文化。你只要敞开你的情怀，张开你的双臂拥抱你的客人就够了。

民宿给乡村带来的影响

M：在乡村振兴和精准扶贫方面，民宿充当着越来越重要的角色。请您结合莫干山居图谈谈民宿给乡村带来的影响。

Z：可以从几个方面来回答。

一是因为乡村民宿的兴起和发展，乡村聚集了各类高端人才，这是乡村的一笔巨大财富。以莫干山为例，目前有民宿700多家，是中国最先崛起的高端民宿集群，而撑起莫干山高端民宿品牌的大都是外来投资者。这些人，都是城市中某一个领域的佼佼者，他们或是文化人、建筑师、室内设计师、艺术家、教授、媒体人，或是资深酒店人、互联网专家，他们中大都是中国人，但也有南非人、英国人、韩国人、法国人等。他们为莫干山民宿的兴起和发展，为莫干山乡村的振兴，为本土文化和外来文化、中西文化的交融和发展做出了卓越的贡献。

二是因为乡村民宿的兴起和发展，使村集体和村民的闲置资产得到了充分的利用和空前的增值。以莫干山居图为例，租的是村委会闲置了几十年的一个大礼堂，破败不堪，摇摇欲塌，平时是村民堆放杂物的一个地方。每年村委会要花 1 万多块钱来维修，而村里是没有收入来源的，靠的是去有关部门借、讨。租给山居图后，村里每年有一笔可观的租金收入。而且，山居图投入 1500 多万元进行改建，做成了全球首家图书馆精品民宿，使村集体闲置资产得到了空前的增值。山居图先后被中央电视台《走遍中国》《生财有道》栏目，上海卫视、浙江卫视以及台湾的电视媒体专题报道，还上了 2020 年的春节联欢晚会，给村委会带来经济效应的同时，还带来了良好的社会效应。

三是因为乡村民宿的兴起和发展，吸引了青年返乡创业，许多村民获得了再创业的机会。莫干山民宿业的兴起和发展，使得当地村民纷纷仿效，花钱装修自家的房子，开起了民宿，从农民的身份转换成为民宿主，开始了自己的创业，并获得前所未有的成功，因为他们能把在地文化发挥到极致，从而深受客人的喜欢。

四是因为乡村民宿的兴起和发展，村民有了在家门口的就业机会，增加了农民的收入。民宿需要厨师、保洁工、小工等，这给村民提供了很多的就业机会。夫妻俩一年就有近 8 万元收入，而且午餐或晚餐还由民宿提供，这对农村家庭是一笔不小的收入，可以说这相当于是净收入。

五是因为乡村民宿的兴起和发展，农产品成了抢手商品，这又是一笔收入。本来乡村的土特产要运到城里去卖，成本高，年年滞销，而有了民宿的客人，滞销的土特产倒成了香饽饽，不仅在家门口就能销售一空，而且还能卖出不低于城市销售的价格。

总之，民宿经济的发展让村集体、村民的收入拥有更完整、更稳定、更丰厚的多元结构，让村集体、村民的财产性收入、创业性收入、一产农业收入、工资性收入叠加组合在一起，为农民增收打开了一个无限空间。民宿经济的发展，为乡村振兴发挥着重要的作用。

扎巴格丹：专注·重诺·欣赏·感恩·随喜

【人物简介】扎巴格丹，阿若康巴创始人。

【坐标方位】丽江、香格里拉

M: 美宿志
Z：扎巴格丹

来吧，朋友

M：阿若康巴这个名字有什么来历吗？

Z：“南索达”的意思是帮助每一个百姓、每一个困难的人。所以我的第一家店——阿若康巴·南索达庄园就是归宿的意思。“阿若”是朋友的意思，“阿若康巴”是一个名字，它不是我的品牌。之前听我父亲说在茶马古道上因为别人的名字很难记住，我们是康巴人，大家会叫彼此“阿若康巴”，显得很亲切。现在在藏族地区，你一说“阿若康巴”，藏族人就会很自然地笑起来。这是一种民族文化的传承，是延续“来吧，朋友”的核心理念。当时也想过其他的名字，最后还是觉得这个名字比较好。

M：以前做导游期间，有发生什么让您印象深刻的事情吗？

Z：1997 年，我遇到一些外国的酒店投资人，我去他们酒店接团时认识了更多的外国人。有一次接了一个团，有人问我要不要去奥地利读书。我比

扎巴格丹

较害怕，因为我资历不够，又没有资金，对方告诉我可以拿奖学金。我后来想想，这确实是我的一种财富，外国人其实比较注重实际能力和经验，不是要只会读书和拿文凭的人。于是我就决定去奥地利，后来我还拿了全额奖学金。学习了一年后，我就毕业回国了。

M：当时回国后有什么计划？

Z：我脑子里一直有个念头：没有去过美国就感觉没有去过西方一样。后来，我实现了去美国的梦想，在美国学小型企业管理。我喜欢去学校的图书馆里看书，记得看到过一本外国人写香格里拉的书，我当时就坚信，香格里拉一定会变成很好的旅游目的地，同时我也坚信，我做旅游业一定会成功！从美国回来后，我和一个英国籍的印度老板的旅行社合作。后来我就承包了一个香格里拉的旅行社的探险部，开始自己做旅行社。

我们接的第一个团就赚了10万。那个团是新加坡的，旅游线路途经的地方很多，时间很长。我们的旅行社生意很好，做的是徒步旅游，夜晚搭帐篷住，提供五星级服务。我们应该是云南生态探险旅游第一批引领者。

阿若康巴

丽江束河古镇庆云庄园

M：茶马古道上有一句话是“要么合作要么灭亡”，做事业也是这样，会不求回报地提供帮助。

Z：对，当你进入一个领域，努力之后就变成一个领队，再努力就会变成一个领导，之后就会变成一个老板，最后就会变成一个布施者“金达”，“金”在藏语里是给的意思。成为布施者之后，你的财富就会慢慢回归社会。所以阿若康巴一直在坚持人与自然的和谐。开旅行社之后，我做了一个慈善机构，叫“香格里拉民族文化多样性传承与保护协会（唐卡中心）”。

M：唐卡中心是什么时候成立的？

Z：2006 年，在开阿若康巴之前，那时候我有一点钱就会去做慈善，在唐卡中心学习、生活的所有学生四五年里都是免费的，我在协会里是理事长。好多从这里毕业的学生都在这里工作，工作内容就是教唐卡制作。这个协会也给我们带来了很多的商业机会。

M：您当时为什么会想到创立唐卡中心？

Z：唐卡中心是为了让更多年轻人学习唐卡文化而成立的。

刚开始成立唐卡中心的时候，我们遇到过很多困难，每天开销都很大。当时一年的开销差不多 25 万到 30 万，都是我自己填钱。后面越来越困难，直到后来我遇到了一个外国人。那个外国人对香格里拉的印象很好，我让他在香格里拉免费住了两个月，出钱让他做一个文化体验平台。那个体验平台是在香港注册的，后来就有很多香港和国外的大学和我们合作体验唐卡文化，那些学生来这里和当地人一起吃住体验，很开心。体验之余，有人也会捐一些钱，后来，相关的配套设施就渐渐完善起来了。

阿若康巴，心里的尼仓

M：您当时是怎么想着做阿若康巴的？

香格里拉庄园

丽江束河古镇庆云庄园

Z：做酒店其实是我的一个梦想，这个梦想来自我父亲的故事。茶马古道上有很多的驿站、旅社，马帮队在茶马古道会有自己的驿站。小时候，父亲会和我们讲他的人生经历，讲马帮的故事，讲尼仓的民宿和文化。现在大家都说民宿来自我国台湾或埃塞俄比亚，其实茶马古道上早就有了民宿，当时的民宿就是尼仓，尼仓就是驿站。茶马古道追溯至今应该有1000多年了，尼仓在茶马古道中是建立在人与人之间的信任上的。比如你从丽江到香格里拉，途经的地方有尼仓，你住进尼仓里，尼仓的主人会给你全心全意的服务，给你家的感受。尼仓的主人还会给你贴心的建议，因为茶马古道会有天气的变化、有雪崩，尼仓的主人会告诉你出行的适合时间段。尼仓虽然地方小，但是会提供聊天、吃饭、喝茶的地方。听父亲说得多了，我也想建立属于自己的尼仓，所以早就有从事住宿行业这个想法了，等到时机成熟，旅游生意慢慢做好，我就开始建立阿若康巴了。阿若康巴，就是我心里的尼仓。

M：您的酒店来过很多名人、网红，您对阿若康巴的品牌营销怎么看？

Z：我觉得最重要的是要抓好酒店的服务、细节和自身的平台。明星来到这个地方是给酒店的补充，我们本身已经是好的，明星来了会让人相信这是更好的。刘德华在束河阿若康巴停留过，当时好像是跟剧组来拍广告宣传的，实际上他没有入住，当天来，当天就走了。他们就做了一个新闻发布会，很多名人都来了，那些人在我们这里住了两三天。

M：为何会想着在束河古镇建一个阿若康巴？

Z：当时我有一个梦想，每三年建一个店，想沿着茶马古道环线一直将阿若康巴开到拉萨，可是到现在这个梦想还没有实现。我父亲说每一个尼仓都有它不一样的特点，我觉得丽江和香格里拉是不一样的，所以，我要接触当地文化、建筑，要根据当地文化来打造不同的阿若康巴。

至于为什么会来到束河古镇，是因为当时有一个朋友一直在考察。那时候，有一个70多岁的外国老奶奶在束河这边租了一个地方生活。后来租期到了，这个老奶奶要走了，她非常担心别人会破坏这里的风景，她听到我的故事时很激动，因为她想找一个人来好好保护这个地方。她特地到香格里拉来找我，还看了阿若康巴。她让我一定要接手这个地方，好好保护它。这里的风景特别好，我一来到这里就被吸引了。

客房内景

M：您对茶马古道的未来想法以及合作的设想是怎样的？

Z：我依旧坚持围绕茶马古道这条路线，现在真正的茶马古道已经没有了，如果不做，那就会消失。茶马古道是一种情怀，我们可以将情怀和商业模式结合，从香格里拉到拉萨，一路上都建立起不同特色的阿若康巴。

我很想建立起一个类似印度噶伦堡的存在，我觉得这是一件很好的事情。我希望能吸引投资人沿着茶马古道的点投资，把阿若康巴环线建设起来。我可以不要很多股份，只要大家一起把这件事情做好就可以了，这是一件对文化传播与传承很有意义的事情。

王健：穿越 61 个人生的奇幻旅行

【人物简介】王健，莫干山芝麻谷创始人。

【坐标方位】湖州莫干山

M：美宿志
W：王　健

完成不可能的任务

M：您创办芝麻谷的契机是什么？

W：我的好朋友冯怡是上海人。她在外面的日子多了总会想起很多儿时的味道，春暖花开之余总会有那抹不去的乡愁飘然而至。2015 年夏天，她想在家乡周边打造一个心中梦寐的民宿，一个独特的民宿。于是，有了今天的莫干山芝麻谷。后来，她也成为我们芝麻谷的核心创始人员。

M：为什么选择莫干山寄托乡愁？

W：第一次来到莫干山的时候，我就被莫干山美丽的竹海、恬静自然的村落风貌所打动，对这里有种说不出的亲近感。特别是第一次看到现在芝麻谷这个小山谷的时候，更是有种住在这里的向往。

M：听说芝麻谷的前身是一个废弃的竹笋罐头加工厂？

王健

W：对的。这里原来是一个笋厂，后来因为政府重视对自然环境的保护而停产闲置。芝麻谷这个项目，就是在笋厂原有建筑的基础上改建装修而来，我们保留了它原有的风貌。比如，保持建筑南北通透，这样就保障了它有充足的日照和采光，有自然通风的舒爽。

M：听说建造过程中挺难的，有没有想过放弃？

W：我们需要尽可能地保留建筑原有的走向和结构，但是又希望做出不一样的建筑体态，所以在改造的过程中确实遇到了很多问题。其中，最大的困难是我们定位所有的房间要有不同的主题效果，从空间的设计到装修装饰设计再到家具器物设计与选择，都烧透了脑筋。困难确实非常多，几个核心创立者都煎熬到白发丛生，但是我们从来没有想到过放弃，哪怕一丝这样的念头都没有。在短短的15个月的建造装修期里，我们一度认为已经是不可能完成的任务了，最终我们还是做到了。

如果要问如何解决的，只能用拼命来形容。所有的事情都亲力亲为，平均每天工作15个小时以上，坚持下去，让团队看到胜利的曙光，这才有了

今天的成果。

M：喜欢芝麻谷的是什么样的人群？

W：芝麻谷的定位是都市青年及中年人，更确切地说是心态年轻的这样一群人，没有特定生理年龄的限定。从经营来看，芝麻谷不乏老年客户，而且还挺多，在这里他们找到了曾经消失的烂漫。

一窗一世界

M：芝麻谷想要呈现什么样的理念呢？

W：芝麻谷的风格旨在让人体验与生活环境完全不同的另一个世界的美丽与欢快，所以融合各种基因的美，成为我们最大的设计风格和理念。芝麻谷的建筑，旨在营造时光错觉感，建筑整体外观设计不拘泥于固定的风格，而是采取一域一景、一窗一世界的方式，将不同年代、不同地域、不同空间

室内摆设都是从世界各地
淘来的精品

上：客房内景
下：芝麻谷全貌

的建筑风貌融合在一起，像是经过很多年由不同的建造者慢慢打磨出来的。

我们注重人的视角，注重来这里的人的体验，所以每一个建筑空间都考虑人和自然的关系，都有人和自然环境的互通。在芝麻谷有属于你自己的私密空间，不论是慵懒的睡觉还是与爱人的缠绵，不论是安静的发呆还是与朋友们聚居嬉笑，在你的空间里都那么舒适自在。在芝麻谷也有属于你的社交空间，可以向我们的专属小管家了解当地的风土人情，也可以在艺术精品区闲逛；可以在专业影院中体验蒙太奇，也可以在精灵餐厅中品味美食美酒。咖啡的飘香，唤醒在芝麻谷的每一个清晨；如果恰巧你赶上烧烤Party，别样的欢快又流淌而来。总之，这里的一天，属于你自己。

M：芝麻谷的每一个房间都不同。设计的初衷是什么？

W：芝麻谷从设计的第一天开始，就追求人在这个环境中作为最重要的主角的体验感，不同形式的舒适都是我们设计的基础。我们强调人与自然的关系，金、木、水、火、土代表了中国人对于大自然元素的概括，芝麻谷的房间设计自然也遵照了前人的智慧。芝麻谷的61个客房，61个完全不同的设计，世界各地艺术品及工艺品的特别陈列，让每一个空间都独具个性，无可替代。

M：您觉得芝麻谷可以代表理想的旅居空间吗？

W：因为长期旅行，对于理想的旅居空间，我有自己的理解。在我心里，最理想的空间，是接地气的，是有温度的。往来的人群，不论他们在都市里有着怎样的人生轨迹，来到这个空间都能够留下一段回忆，能够发生一段值得记忆的故事。

M：据说芝麻谷每一个藏品都有故事。请您分享一个对您影响最大的故事。

W：芝麻谷的大堂前台背后有一组民间画，吸引了很多来访的客人，并问了很多关于这些画的问题，事实上这些画确实是有故事的。这些画是我国清朝时期民间庙堂祭祀活动用的手绘画，是有严格说法和用途的。我们在国外画廊无意中发现了这一组画作，非常惊叹。一套完整的22张，每一幅画的背面都记录了过去的所有祭祀及庆典活动，并由当时主持的长老或长辈签名，非常有收藏价值，应该是早年间来中国的外国人发现后带出国外的。这种时代的沉淀感和来自民间最朴实的艺术形式，我们非常喜欢。经过鉴定是真实的，我们便下决心要购买回来，放在芝麻谷。经过很多轮的沟通，我们花了5天的时间，终于成功将整套画作收藏到芝麻谷名下。

可以连锁，但绝不是复制

M：芝麻谷的未来愿景是什么？

W：有更多的人喜欢芝麻谷，喜欢芝麻系列的个性生活，这就是我们所有努力的回报，弥足珍贵。倘若真的有可以畅想的未来，我想我会抓住每一次机会，给大家带来不一样的芝麻艺术。

M：未来芝麻谷的衍生产品怎么延展？

W：芝麻谷的衍生产品很多，除了我们持续增加的各种收藏品、工艺品与我们的客户分享外，还有我们对空间美学的输出。我们在上海的工作室，也给客户提供了很多美丽的生活和商业空间。

M：芝麻谷能走品牌连锁的路径吗？

W：可以的，因为芝麻谷是一种意识形态，一种心境和体验。当然可以连锁，但绝不是复制，因为心境和体验是需要落地文化及场景的，所以每一个新的项目都是一个新的开始。

郑春桃：我们不会去迎合所有人的喜好

【人物简介】郑春桃，禾肚里联合创始人、广东省旅游协会民宿分会副会长、惠州市民宿客栈与精品酒店协会会长。

【坐标方位】惠州

M：美宿志
Z：郑春桃

农耕主题与情怀

M：您是从什么时候开始关注开发珠三角地区精品特色民宿的？

Z：以前，我们学校的春秋游是一个令人头痛的问题，因为春秋游只能在本市内开展，而本地的景区景点却有限。本身我们来自农村，也很喜欢郊外游，想在这周边找地方做一个幼儿市场的亲子游。有一次接待完，横河镇当地政府说这里有一所旧学校，问我们感不感兴趣。我们是做教育的，对学校有一种感情，哪怕是废弃的学校。后来我们就要了这所旧学校。

M：禾肚里农耕特色主题的思路来源是怎样的？

Z：最开始我想以简单的亲子为主题，提供客房住宿，配一些亲子采摘活动，还想把稻田种出来的粮食和菜全部运回学校。做的过程中，我们也有过不自信、不肯定。后来我们去了一趟台湾，发现那边的一二三产业融合得特别好，那种模式很值得我们学习，之后我才把禾肚里定位为农耕主题。我

郑春桃

很幸运能认识设计团队当中的设计总监，在我把规划、想法告诉他之后，他设计出来的作品正是我想要的。

我们不会去迎合所有人的喜好。如果为了满足所有人的喜好和需求，那么我们最后就不会成为自己，因为没有自己的东西。很多人跟我提建议说可以在这里建一个乐园，那里增加一个其他活动项目，我拒绝了，我就做农耕主题。

M：都说民宿主人做民宿的原因无数，其中少不了要提到的就是情怀。禾肚里寄托了您的什么情怀？

Z：我相信大部分的民宿人都有情怀，情怀是民宿的一个重要部分。不管你最初是抱着什么目的，如果你的民宿能完全把你的想法体现出来，一定会有情怀在背后做推动。每个人心里都有一个田园梦，每一个人最后都会回到自然，由于这种超出血缘关系的依赖，人会本能地热爱土地、热爱自然，会向往田园生活。我觉得可能每一个人的本能里都会有这种向往。

M：罗浮山河肚村打动您的原因是什么？

小学校舍改造而成的别致房舍

Z：我们刚来的时候，这里的稻田是半荒废的状态。我们确定农耕主题的时候，发现农田对民宿来讲是一块宝地。第一，满足了你的情怀需要；第二，满足了你的体验需要；第三，满足了你的农副产品需要。有了需求就有了满足情怀的前提条件。这个村子不能自成景区，我要打造没有围墙的景区，为了让村民们同意，我们一次性交了十五年的地租，同时我也承诺：第一，保护我共享的这一片自然的生态作为回馈；第二，我保证民宿里面过半的员工是本地人；第三，我会固定每年献资去赞助村里面的一些活动，因为我们会利益共享，利益分配不均的时候是非常有可能发生矛盾的。

禾肚里，展翅高飞的小鸟

M：在打造禾肚里的过程中遇到了哪些问题？

上：户外婚礼
下：亲近农田

Z：进入这里时我跟村民讲，很感谢他们让我共享这一片土地，我也会努力证明我一直跟大家同在，跟村庄同在。禾肚里不是我个人的，禾肚里要跟村庄同在。

我们实际的投资情况比预期多了很多，打造过程以及后期运营过程中也出现了很多问题。我觉得做事业，比起情怀更多的是执着，情怀可能是你的初衷，但如果没有坚持，没有执着就没有办法去克服很多的困难，这世上没有不难的事。我对禾肚里这个品牌有一份责任。

M：禾肚里 logo 的设计和名字是您的创意吗？

Z：我们禾肚里的 logo 是一只小鸡，也可以看成是一只小鸟，这个跟之前我们做幼儿园教育有关，这个 logo 代表了希望。我要呵护这只小鸟，让它长大。这就像我创立教育品牌一样，既然创立了它，就要好好带它。是禾肚里这个名字本身给了我们灵感。我们定位的是稻田酒店，而我们的设计团队是一个特别热爱乡土的团队，所设计的作品充满了乡土气息。一开始的时候我们只是觉得我们的主题要鲜明，所以给它取名禾肚里。

M：2018 年 9 月，禾肚里成为中国扶贫基金会合作运营商，结合禾肚里的情况，您认为在助力乡村振兴方面，民宿可以有何作为？

Z：小民宿，大担当，对于全域旅游来说，民宿是最好的归属。为什么这么说？从牵头到激化、活化资源再到解决劳动就业，到宜居宜游，到一二三产业融合，禾肚里干的就是这个事。从民宿到农家乐，再到景区和乡村游，它最终实现的就是全域旅游，其实最重要的还是思维的转变，禾肚里对村庄乃至整个片区、整个镇的影响，我觉得我们做到了。

植根乡村，落实在地精神

M：当前国内民宿一直处于产业化道路的快速发展中，品牌化和连锁化经营成为很多民宿主的选择。后期禾肚里品牌有哪些发展规划？

Z：我们发展规划的方向和未来的定位从一开始就定得很准，这个“准”是人与自然的关系，是由人与生俱来的本能驱使来确定的。没有那么崇高的东西，我就觉得一个是本能和个性，一个是喜爱和热爱。内心最深处的东西可能不值钱，但是很有价值。我们没有说民宿的连锁经营一定要扩到多少，我们会根据自己的特色和定位去选择一些符合禾肚里落地标准的地方去落地。

M：您能用几句话概况一下禾肚里标准吗？

Z：从宏观来讲，首先它能把禾肚里的精神在地实施。其次这个地方能与禾肚里的核心相吻合，农耕主题也好，商业模式也好，前提一定是植根在乡村。中国那么大，能够让禾肚里落地生根的地方一定很多。未来的景区或者说国人出行的热点一定是在乡村，只有乡村才能赋予你对美好生活向往的憧憬。

徐恒勇：用心做宿

【人物简介】徐恒勇，高远文旅集团总裁。有 24 年酒店行业从业经历，从五星级酒店到全国连锁酒店，从特色主题酒店到民宿。

【坐标方位】宁波、杭州、舟山

M: 美宿志
X: 徐恒勇

品牌就是眼睛

M：您创立的高远文旅集团目前旗下品牌有心宿、泊宁和墨沏，这三个品牌创立的思路是怎样的？影响决策的因素有哪些？

X：泊宁是最早的，初心在于打破传统星级酒店观念，同时脱离经济型酒店的影子，做有品质、有服务、有人文的特色酒店，营造都市港湾和城市里的家。心宿是因为消费趋势以及国家大力倡导美丽乡村建设，在考察日本和我国台湾的度假民宿酒店之后产生的想法，也属于无心插柳。泊宁做刚需和现金流，心宿更多做价值和品牌平台。墨沏其实是属于在泊宁和心宿里的客厅部分，但是也可以独立于酒店存在，其实就是一个以东方文化和生活美学为基础的概念。

M：泊宁和心宿的管理体系是怎样的？两者是互通的吗？

X：泊宁的管理者既要有酒店管理体系的经历，又要具备管家、主人的特

徐恒勇

质，还要懂得生活美学，这样的话，未来泊宁才能在城市酒店里脱颖而出。其实很多民宿从业者都不是从专业角度介入的，优点就是打破常规，但心宿不是简单的几间房，是需要体系支撑的，所以心宿的管理者也需要具备酒店管理者的底蕴，再加上主人对款待方式的理解，加上生活美学的培训，变成了既有体系又有个性的团队。所以不管是泊宁还是心宿，我对管理者的要求是必须经过酒店的专业训练，又要充满着生活气息。

M：您曾说心宿既不是民宿也不是度假酒店，而是兼具民宿的人文情怀及度假酒店的专业管理的产品，是传统民宿的创新版、品牌版、升级版。那么心宿主要是代表了一种什么样的生活状态？

X：主张自在、恬喜、清雅的生活方式，强调本心。了解文徵明的《兰亭修契图》、宋徽宗的《听琴图》和范宽的《溪山行旅图》，您便可了解心宿的内核。

M：心宿品牌5年时间已经有20家店了，当初品牌发布放在天一阁的原因是什么呢？

心宿
福泉

住·捌
心·捌

X：因为我们已经有了品牌意识。我觉得中国酒店品牌的年代刚刚起步。品牌是什么？品牌就是眼睛，哪怕我今天拿出的一张纸，说出的一句话，甚至是一个发型都可以代表一个品牌。我们怎么保护眼睛，就应该怎么保护品牌。我们要开始做文化酒店，而在“书藏古今，港通天下”的宁波，天一阁就是一个象征，我们在这里开发布会就是一种信号。心宿也是对古人美好生活的一种诠释，曲水流觞，与自然对话。我是绍兴的，今年我终于在老家东山湖边做了一家心宿，我希望在这个店里营造的是一种大气的江南。

M：目前集团旗下酒店主要分布在江南和云南地区，据说还有“最美高铁布局计划”，落实情况如何？

X：关于心宿有一句话——源自江南的全球度假生活。我们考虑江南线是因为我们的资源集聚区在这里，而且江南也是中国经济、文化和消费意识比较领先的区域。西南的布局是考虑品牌布点，云南是世界性的旅游目的地。最美高铁线是考虑交通便捷带来的刚性需求，当然还有高铁沿线的美丽风景和人文。我们还有北京和三亚的布点计划，这样可以完成在中国一年四季的商旅和度假，让客人感受不同的心宿四季和泊宁商旅。

强调利他心

M：您如何看待乡村民宿？

X：人为什么要回到乡村？因为他享受过城市的美好，只是他在城市里找不到乡村那样清新的空气、淳朴的民风、新鲜的食物，所以要回到乡村去。乡村民宿是一种回归。所以我觉得中国乡村还要进行一波美学再造、美学更新，让一些年轻人回归乡村，我的酒店的创业初心里有三句话：第一，完成自己的酒店品牌梦想；第二，为伙伴搭建美好的事业平台；第三，为全球旅行者提供高性价比、有温度的体验。高远有一个说法是：让每一个总经理在自己老家能有一家自己的心宿。

M：您对于民宿在乡村振兴中的作用以及文创助推乡村振兴方面有何见解？

X：民宿能够引领一种生活方式，可以提高村民对于生活的理解。我认为，民宿在做顶层设计的时候，一定要做一个价值顶层设计，价值顶层设计之后才是商业顶层设计，这样才会走得远。文创和农创、农旅可以赋能乡村，通过设计、策划、传播可以让乡村的资源变得更有价值，可以让更多的城市人了解和体验乡村之美，同时可以让更多的年轻人回到乡村工作和生活，这样的乡村才有希望。文创赋能乡村还可以带来延伸的价值，比如带动当地的旅游和农产品的生产和加工产业等。

M：您对民宿集群的发展有何看法？

X：民宿集群是一个阶段的产物。集群首先是一个团队组合，强调“利他心”，这需要大家都具有“共生”的心态。再一个，就是需要一个愿意付出的领头人。民宿集群在一定程度上可以减少资源的浪费，可以减少无效的投资。民宿集群在运营之后如何能比单体店更有吸引力呢？这还需要实践。

上：心宿慈府
下：心宿光年

陈友龙：人要站在自己的制高点

【人物简介】陈友龙，深圳卡瑞登品牌创始人。

【坐标方位】深圳

M: 美宿志
C: 陈友龙

守护我们休闲的生活

M：您是如何开始从事酒店行业的？

C：退役回家后，我开始认真思考自己能做什么。我是家里的独子，父亲在当地开了一个小旅馆，这就是切入点。小旅馆规模不算太大，20世纪90年代的需求很简单，不需要精致豪华的工艺，只需要稍微装修就可以收益不错，于是我开始接手父亲的小旅馆，慢慢爱上这一行。两年时间内，我在县城开了五家招待所，是我们当地第一人。开了连锁，需要打出一个品牌，我当时设计了一个品牌叫天都，意为“天上的都市”。当时我把招待所的名气打造得比宾馆还要盛，在福清，我的业绩是很有名的。2004年左右，我又有了新想法，因为招待所的规模太小了，我想把天都升级成宾馆，把名气打出去，所以我在福清开了第一家天都宾馆，一共56间客房。那个宾馆现在还在，已经改建成卡瑞登。

M：事业刚刚起步时，为什么不选择去别的地方发展？

陈友龙

C：我从部队回到福清后，就没有再离开过。那时事业刚刚起步，我看到了中国快捷酒店市场的空白，但在县城看不到世界的广阔，这是我当时的局限。如果2004年我能在深圳开第一家天都，可能现在的我会打造出更大格局的酒店。

M：能否和我们说一下卡瑞登名字的起源？

C：2008年，遍地都是快捷酒店，但还没有高端、中端酒店。而立之年，我审视自己，想做出点事业，随后我就拿下了100间房的一栋楼，真正对天都意义重大。那时我已经有了品牌意识，但天都已经被注册。一次机会，我去英国的一个旅游小镇游玩，它的风格轻松优雅，是打造得非常休闲的特色小镇，我很喜欢这样的环境。它的名字叫Carriden，音译过来就叫卡瑞登，这就是卡瑞登的起源。

M：您认为卡瑞登酒店的理念是怎样的？

C：英国的卡瑞登是一个优雅的小镇，而酒店是需要一个空间，让大家过悠闲自在的生活，不只是睡一个好觉。悠闲自由的精神空间，在现代人快节奏的日常生活中已经成为珍贵的资源。我很喜欢英国这个旅游小镇的文化气质，它的休闲理念我认为是人生的一种境界，而且符合我们现代的消费理念，所以就有了现在的卡瑞登。

M：您是在什么时候将卡瑞登的品牌理念树立起来的？可否为我们讲述一下卡瑞登的变化历程？

C：其实每一个企业都有自己的理念，我的理念是“守护”，守护我们休闲的生活。追求休闲的生活是我的人生态度，也是我的企业文化，我想把英伦的气质带入我的酒店里来。2011 年之后我才把所有的酒店名字全部改成卡瑞登，品牌注册完成之后就全部统一了，卡瑞登的品牌理念也就树立起来了。

我最初是纯粹模仿，因为模仿是一个有效的学习途径。在模仿的过程中，我发现一切都在变，如果永远跟在别人后面模仿，是走不长远的。到了 2016 年，我开始真正思考卡瑞登的未来发展之路，首先要把自己的理念表达出来。我找到一家 VI 公司建立企业知名度、塑造企业形象，从卡瑞登品牌的来源、深度、理念几个方面定位和设计。2017 年打造出卡瑞登的 VI，成熟的守护理念稳定下来。

M：您认为现在的酒店已经转入一个怎样的发展趋势？民宿和酒店的消费市场前景如何？

C：从创立卡瑞登到现在，将近十年的时间对我来讲是一个成长的过程。我看着酒店市场不断地成长，从 2000 年初的快捷酒店，到现在转入中高端竞争的趋势。快捷酒店已经在慢慢被淘汰，因为大众的消费需求不断成长，对酒店的要求也偏向精神文化层面。

真正属于自己的酒店要有内涵，所以我一直在挖掘自己的内涵，寻找属于自己的风格。不一定要以好坏对错而论，但要各有各的呈现，这是差异化的体现，因为这个市场正在不断地差异化。酒店在发展中同样应该不断进化，五到八年内中高端酒店的竞争将非常激烈。民宿其实也可以归为中高端，因为民宿从整体设计风格到文化沉淀上都不输于任何五星级酒店，整个民宿和酒店消费市场正在慢慢升高。

不做大，只做好

M：您创立了十几家卡瑞登，未来的目标是什么？

C：我不喜欢墨守成规的人生，我也不知道我的企业未来能做到多大规模，但我能肯定我们尽己所能做到最好。要把细节精益求精，因为只有更好才有最好。

我用守护理念带领着我的企业一步一步往前走，至于能走多远，我自己从来没给我的企业设过目标。我没有明确设定为上市而奋斗，因为这样的目标需要不停地向外拓展、需要寻求资本投入，是为它的目标而延伸的。我的目标是什么呢？是做好自己。我不知道明确的方向是什么，但是我知道不断往前走才能做好自己，要根据这个世界变化顺时而动，而不能活在自己的世界里。所以两年前我做了一个重大的决定，那就是把我的总部从福建搬到深圳。

M：为什么要将卡瑞登的总部搬到深圳呢？

C：要把自己的理念传达出去，并不是说要把规模做多大，而是我一定要站在一个制高点，去告诉别人卡瑞登的守护理念。躲在一个小山村里，没人会知道我的守护理念，我想站在深圳的这个高度，有了高度才有纬度。十年后的深圳肯定是国内数一数二的城市，现在深圳排名第三。散播理念也好，做生意也罢，它就是一个机会，只要把握住机会，在企业发展过程中就能成长。平安大厦是深圳的第一高楼，它有个空中餐厅，是一个环形的落地窗，整个深圳的美景尽收眼底，我站在这里有感而发——人在深圳，才会洞察市场。要站在自己的最高点，才能看清一切。那时我就觉得我把总部搬到深圳是对的。

深圳能够传达我的企业文化，也可以让更多人知道我的企业文化，以前的我躲在自己的世界里面，真的太小了，看不清这个世界，当真正站在深圳第一高楼最顶端的时候，感受到的视野是不一样的。深圳，我相信未来十年、二十年内，它是中国经济发展最快的城市。

贾超：个性化的酒店更受市场追捧

【人物简介】贾超，有戏电影酒店创始人。

【坐标方位】北京、上海、西安、昆明、玉溪、石家庄、广州、济南、郑州、乌海、保定

M: 美宿志
J: 贾　超

50 万元试水

M：将电影 IP 融入酒店，这个创意最早是怎么生发出来的？

J：一开始不是我本人的创意。当初最早是我的 7 位学弟学妹们想创业，没钱就找我来投资，和我说了这个想法，我就和学弟学妹们做市场调研和数据分析，论证实践的可能。那时是 2014 年，我在一家连锁酒店任副总裁，在这个领域已经摸爬滚打了 6 年多，手底下有比较成熟的团队和一套完整的执行标准和流程，有实战经验；家里也是做酒店的，再加上那时国内经济型酒店也恰好处在上升期，就决定投入 50 万元给学弟学妹试水。现在我在有戏成了最大的股东，也投成了 CEO。

M：为什么选择了电影和酒店组 CP 呢？

J：我们是从好几个维度来考量的，包容性、驱动力、体验感、生命力、衍生品这几个维度，一个个考量过来。首先是电影的受众广，百年电影，产

贾超

生了无数的经典，也产生了无数的影迷，不同时代、不同年龄层的影迷都有，包容性很好，用电影做切入点，几乎就是一网打尽的节奏。不同的人会有不一样的体验，体验感也有了。其次，电影是个持续更新、永不过时的产品，内容输入丝毫不成问题。电影市场以每年 20% 以上的速度在增长着，这个速度是很惊人的，就拿国内来说，每年产生的新电影就有 500~600 部，其中上映的就有 100 部，平均下来，每 3 天就有 1 部。没上映的，也可以在我们有戏的平台上发，这就为复购创造了可能，生命力就有了。另外，电影的发展驱动着电影 IP 持续发展也是板上钉钉的事实。电影的衍生产品现在才刚刚起步，经营得好，这会成长为一块肥美的大蛋糕，企业的现金奶牛。

个性化的酒店更受市场追捧

M：有戏对自己的定位，是为年轻人服务吗？

J：我们的核心团队都是年轻人，年轻人要做年轻人的事情，所以我们把有戏定位为“更有趣的酒店”，主推年轻人的中高端连锁酒店。我们的图标，就是一个人躺在床上，对着一块大屏幕。我们相信，年轻人拒绝千篇一律，只有个性化的产品和服务，才能抓住他们的心。低端酒店一是不再符合时代潮流，二是利润低，客单价低，不是我们想要的。所以有戏的第一个定位叫中高端酒店的连锁，第二个定位叫能看电影的酒店。酒店是刚需，无论谁去外地出差最终都是要住下来，有戏就是要做这么一个以电影酒店为核心，结合电影衍生品产业，融合电影主题社交空间、主题影院为一体的创意文化综

合体,是酒店和电影 IP 的深度融合,而非简单的住宿 + 观影的组合。事实证明,客人对酒店的个性化的需求一直有，并且会越来越高，个性化的酒店更受市场追捧。

M：怎么理解有戏就是“电影的文化 IP+ 酒店 = 售卖时间和空间”这个概念?

J：如何高效利用酒店的时间和空间，这就是有戏要做的工作和盈利点。我们很清楚酒店在下午的时间段到晚上八九点之间闲置率是很高的，如果把 2 小时一场的电影利用起来，植入到酒店里面，就是非常好的空间 + 时间的概念。

我们提供“酒店 + 电影 IP”的经营模式，采用直营 + 加盟的合伙人方式进驻传统的酒店，将有戏的电影文化植入原有的存量实体酒店，就能为一个传统酒店赋能。比如说，我们入驻后通过改造，可以用快捷酒店的造价卖出中端酒店的价格，用中端酒店的造价卖出星级酒店的价格。经过我们改造的酒店，最初级的能把房间的平均单价提升 20%，原来卖 100 元的房间，现在可以卖 120 元，原来卖 200 元的，可以卖到 240。中级的可以卖到原来价格的 1.5 到 2 倍，高级的、深度植入的，可以是 3 倍，看不同的合作和植入方式。

M：您能为我们回顾一下有戏的发展路径吗?

电影衍生品

J：其实我们挺幸运的，2016 年 4 月有戏的第一家门店落户保定，6 月我们就移师北京进行全国布局。8 月获得真顺基金 800 万天使投资。2017 年 11 月，北京第一家直营店北京六里桥店签约。2018 年 4 月，得到 A1 轮融资，IDG 资本领投，不惑创投跟投 1 个亿的融资。2019 年 4 月，得到 A2 轮融资，星空文化几千万元。2020 年 1 月份，A3 轮融资 1.2 个亿，可以说，发展势头是挺猛的。

M：客人们在有戏能得到什么样的体验呢？

J：先说房间吧，我们的每一个房间都配备了 133 寸高清大银屏，画面的质感非常棒，图像细腻锐利，加上 5.1 发烧友级 3D 环绕立体音响，在硬件上完全可以和专业的影院设施相媲美。客人可以通过大屏互动，在 1000 多部电影里选出自己心仪的影片，这个影片库，是不断更新的，爱怎么看就怎么看，想看多久看多久。每一个房间都很贴心地用了双面 12 层阻尼隔音板，你放多大声，也不会有邻居来投诉，在专业享受的基础上兼顾私密性，有种我的地盘我做主的惬意私密感。

在细节上我们也很用心，比如在你打开屏幕的瞬间，窗户和卫生间的窗帘会自动关闭，制造出封闭的小空间，加深了真实院线的氛围。另外，我们在房间里配置有不同的灯光效果，一个房间有 4 到 5 种灯光效果，看文艺片有文艺片的灯光，看动作片有动作片的灯光，这种细节上的升级，非常受欢迎，体验感很好。

M：客人在有戏能看到什么样的电影？

J：我们的影片库是数以千计的，除商业影院上映的院线电影，还有在商业影院看不到的小众电影，也有视频网站、移动媒体播放的热门电影，套用一句话，总有一款适合您。我们已经在和风霆迅签署正版片源授权，与中影集、北京电影学院签署电影衍生品授权，建立授权机制。未来，还将和更多的影视公司沟通，获得更多的电影片源正版授权。

M：有戏的屏幕打开率是多少？有没有专门奔着看电影来有戏入住的客人？

J：屏幕打开率超级高，98%，普通酒店的屏幕打开率甚至都不到 3 成。你想想，同样的一间客房，一个晚上放三部电影，观影时长就接近甚至超过 6 小时。

我们的房间复购率高达七成以上，对外宣传取了个整数，只说 70%，这还不是会员的统计数字，是整体的所有客人统计数字。就我目前所知，还没有其他酒店做到这一点。一个月入住 10 次以上的客人大概有 5%，5 次到 9 次的大概有 12%，3 次到 5 次的也有 10%~20%，这代表了我们的客人对我们产品的认可度。

体验黑科技

M：住到电影里的感觉，确实是难忘的，有戏还有哪些黑科技？

J：黑科技就多了，除了房间里的一流观影设施，我们的人脸识别系统、5 秒入住体验，都是超赞的。客人可以自己刷脸在线上支付、自取房卡，实现全程无人化的智能入住，这种打破千篇一律的入住模式，既满足了客人的好奇心和参与感，获得不同于其他酒店的新鲜体验，又降低了人力成本。

M：有戏的未来发展方向会往哪里走？

J：未来的设想，是往“宽向”发展。我们有戏的消费群体会呈现出越来越年轻化的特点，得年轻人得天下。有戏是要做一家未来酒店，利用电影 IP 深度植入，不同门店实现不同的主题。包括影视 IP、动漫 IP、电竞 IP，都可以做一些绑定。还有从预订、支付、入住到退房等各个环节都将实现全智能化。这些流程，有些已经实现了，有些还在打通阶段。

马勇伟：隐墅是诗意栖居者的隐居之地

【人物简介】马勇伟，隐墅创始人。

【坐标方位】温州、丽水

M: 美宿志
W: 马勇伟

乡愁经济与共享经济

M：隐墅模式是如何发展起来的？

W：2013年，我们无意间来到温州大罗山的盘垟村，被这里深深吸引。过去的盘垟村，是一个荒无人烟，被时光遗忘的废弃村落。二十世纪八九十年代以来，村民们陆续搬离大山，仅留下几位不肯离开故土的老人与日益衰败、闲置多年的石头民居。2013年，我们隐墅团队和盘垟村正式签下20年的房屋租赁合同，开启盘垟村变身“盘云谷文化创意村”的征程。

习惯了都市，就想开发乡村，那么如何在保护古村落原生态的基础上，用文化创意来激活村庄？我在保留原有建筑风貌的基础上，改造村里57座废弃已久的石头民居，寻找57个主人，讲述57个故事，隐墅模式从此诞生。现在的盘垟村已经成为浙南最具诗意的村落。

我们希望能建设市民与农民共同创造的新型乡村社区，一种全新的乡村生活服务综合体。我将盘云谷文化创意村称为“文化社区”，在这里，民宿主人们因为相同的爱好聚集在一起，他们交流想法碰撞火花。归国华侨带

马勇伟

来意大利托斯卡纳地区酒文化，在民宿一楼吧台可以品尝鉴赏红酒；发型设计师的民宿被设计成古早味的老上海风情，老板还会亲自上阵为顾客设计发型……因村庄人气渐旺而回归故土的村民，也纷纷有了自己的事业。41 岁的农家乐老板木加恩，8 岁时便搬到山下镇上居住，近些年回到村里开启了农家乐。现在，村里已经开出了 11 家农家乐，带动村民致富，是盘云谷文化创意村的第二期目标。

M：作为中国隐墅品牌创始人，请您谈谈何为隐墅模式？

W：说到隐墅模式，首先说什么是隐墅。隐墅就是归隐田园的生活之所，都市人群生活的第二居所，诗意栖居者的隐居之地，中产阶级的品质生活之选。隐墅的定位是这样的，一是乡村闲置农房的增值服务商；二是乡村生态产业链的构建者；三是都市人群乡村生活的定制者；四是乡村隐墅经营与管理的服务商；五是乡村文化活化的使者。

那什么是隐墅模式呢，隐墅模式分享经济是打破传统的民宿经营方式，把大众投资引入到创意旅游中来，是基于互联网时代分享经济的实践。一边是乡村大量空置的房子，一边是都市人渴望的心灵场所，通过隐墅模式，整

老房子的时光

合农民闲置住宅，在保持乡土建筑风貌的前提下，对其进行设施增减改造、空间调整优化、功能替代更新。对传统建筑及村落实现保护基础上的有限利用，为其注入全新休闲度假、养生养老等功能，打造出了市民与农民共同创造的新型创意乡村社区，开辟乡村振兴隐墅时代，实现了从都市人群生活的1.0版本（普通商品房）以及2.0版本（奢华别墅），到都市人群生活追求的3.0版本（田园栖居的隐墅）的转变。

因此，隐墅模式就是用“互联网+”思维，共创共享、众筹众创的模式，灵活高效。把单人投资、单个投资体变成众创项目，把潜在的消费群体变成项目股东，最终实现人人共享，走出了一条乡村旅游发展成功之路。所以说隐墅模式就是乡愁经济、共享经济、社群经济、中产者的经济。

M：听说您目前有盘云谷等几个隐墅模式民宿村，各个民宿村之间如何联动运营？

W：目前我们开发的主要有盘云谷文化艺术村、石门隐墅庄园、水乡隐墅生活艺术小镇等项目，隐墅模式下的每个民宿村都有各自的特色。一是建筑风格融入生态环境，形成了人与自然共生，原始与时尚融合的和谐画面。二是隐墅经济与当地产业有机结合，形成隐墅产业反哺当地村集体经济的良好循环。三是科学吸收民宿村在地文化元素，这样客源可以在各个民宿感受到不同的特色、不同的文化、不同的环境，数据共享，体验加倍。各个民宿在理念和气质上又和谐统一，都是融入东方生活美学体验样板，践行隐墅十六观的生活美学社区。

M：运营民宿村过程中遇到的最大困难是什么？

W：最大的困难是改变当地人的思维和理念，让村民理解和接受，并激发村民的热情和生活美学的提升。如何形成人与自然、人与文化的共生，如何带动村民素质和经济收入的提升，形成乡村旅游产业开发，是我们重大的课题。运营中，我们团队需要去拜访每一户村民，了解他们的生活习惯、收入来源、种植养殖、住房等情况。了解当地信息越全面，越发觉得不仅仅是实现自我价值，完成自己的民宿村创业梦，更重要的是在思考发展的过程中，能带动当地村民打开思路积极对接外面信息，提高村民致富意识，积极利用农家资源吸引游客来体验从而提高家庭收入。让每一个家庭都有方向，每个人都有事做、有钱赚，走向共同富裕之路。因此隐墅模式中的产业链里有一个乡村产业的构造模式——隐素。在发展休闲度假的同时进行多产业融合，隐素的特色食材源自村民自种，是无污染、纯天然的有机食材。隐素也是隐墅的伴手礼，体现隐墅作为一种新兴业态与农业产业的高度融合。

其次，在我们开发村落的时候，民宿村方面的政策暂未明确。村落当地基本建设相对落后，老宅地基和土地的合理利用需要政府部门的引导和政策支持，用水问题，污水和垃圾处理等问题，高峰期电力不足和网络未通等问题都需要相关部门及时解决。可以说民宿村的发展前景和目前面临的困难，都需要和当地政府及村民一一沟通处理，我们在这个方面投入了大量的精力。

乡村振兴的超级 IP

M：请您谈谈隐墅模式与乡村振兴的关系。

W：隐墅模式就是为乡村振兴提供解决方案的，是乡村振兴的超级 IP。按照“产业兴旺、生态宜居、乡风文明、治理有效、生活富裕”的总体要求，隐墅模式在乡村发展中进行农文旅融合，强调乡村振兴战略如何落地生根，通过瓯海盘垟村蜕变成盘云谷等大量案例向人们展示了乡村振兴的成功典型，是乡村振兴战略的完美实践。

通过隐墅模式这一全新商业模式，为分析乡村、研究乡村和建设乡村提供了一套简单易行的方法，把乡村振兴的概念和理念变成了可操作的具体措施。隐墅模式分享经济将为我国乡村振兴发展创意旅游打开多赢的局面。

隐墅林家铺子

聂剑平：做品牌调性的总导演

【人物简介】聂剑平，墅家品牌创始人。

【坐标方位】婺源、丽江、苏州、宁波、惠州

M: 美宿志
N: 聂剑平

在地人文的挖掘

M：目前墅家品牌在全国有多少家？都是多大的规模？

N：墅家从2014年在婺源建立起第一家民宿，到目前为止一共开了六家，分别位于婺源、丽江、苏州、宁波、惠州，平均每家民宿在2000到3000平方米左右，房间数20间上下。只有惠州的店是和碧桂园合作，面积有6000多平方米，64间房，实际上已经不是民宿了，我们称之为庄园度假酒店。

M：墅家品牌最大的优势是什么？单个项目的可盈利产品结构是怎么样的？

N：最大优势在于拥有独一无二的设计，在地人文的挖掘。其他优势还有个性化服务、创新的乡土菜、丰富的活动组织等。从盈利角度看，房费、餐饮、墅家方物的销售收入这三部分是主要收入来源。

聂剑平

M：墅家品牌的发展规划是什么样的？

N：墅家的定位是针对精英人士设计的高端度假产品，兼具精品酒店和民宿的特质，从长远来说，致力于与大型开发商合作开发民宿村落。就单体民宿来说，选址定位在极具特色的风景名胜区以及人文气息浓郁的古村落，这类产品我们称之为目的地度假，但是大部分产品将会集中在一线城市周边两小时车程以内。我们定位是郊野度假，另外也会在一些城市中心布局移动办公与度假结合的产品，我们称之为商务度假。

墅家的发展模式是轻资产模式，主要靠输出设计以及营运管理。

M：墅家品牌发展的团队架构是怎么样的？团队最大的优势在哪里？

N：墅家的管理团队基本以年轻人为主，其中海归是一个重要组成部分。未来也会吸引外籍专业人员加入。团队中管理人员持股将会保持在三分之一左右。国际视野与活力是团队最大的优势。

独一无二的设计

M：您是设计师，在您所有的品牌设计中，不同的项目如何去平衡单体项目的独特性与整体品牌的统一性？

N：我给自己的定位是品牌调性的总导演。目前开业的六家店基本是以我为主设计，这个阶段主要是研究如何在设计中平衡商业、实用与美学的关系。因为墅家的核心理念是要给客户个性化、独一无二的体验，让生命活出精彩，所以我们不会做同样风格的两个墅家产品去浪费大家宝贵的生命。未来我们会在世界范围内寻找年轻有活力，有独立见解的设计师来合作，我本人更多的精力会放在整体品牌调性的把握上。至于如何将文化融入设计里，这个命题太大了，每个人对于文化的理解不同，答案也会不同。我们的基本原则是从生活入手，做符合当代人生活习惯的产品，因为文化源于生活。

M：对未来民宿的发展您有什么样的想法？

N：未来民宿的发展我个人认为是两个方向，一类是个性化突出，民宿主人坚持自己管店；一类是民宿酒店化，同时保留民宿特质，做中国特色的连锁民宿。对于想做民宿的朋友们，个人建议一定要慎重，如果没有足够的财力，没有坚定的信仰，没有足够的资源，只是有想捞一票、玩一把的心态，千万不要涉入。

上：苏州微微联伙墅家同里社
下：丽江墅家玉庐雪嵩院

凌新建：民宿 3.0 时代最大的亮点

【人物简介】凌新建，山水隐庐创始人、中国旅游协会民宿客栈与精品酒店分会副会长、宿联中国董事局主席。

【坐标方位】临汾霍县、三门峡

M: 美宿志
L: 凌新建

美宿人的执着梦

M：您接触民宿领域已经十几年，您的经历其实也是中国民宿发展进程的缩影。请您简单聊一下您十多年来的民宿创业经历。

L：我在民宿这个圈子待了 15 年，民宿发展已经历了两个时代。1.0 时代（2000—2010 年），这个阶段中国的民宿客栈数量不多，市场大体都是处于供小于求的阶段，所以民宿客栈虽然品质不高，房价也不高，但我们大多数人在这个阶段还是赚到了钱的。民宿客栈发展的 2.0 时代（2011—2018 年），这个阶段，大量的设计师、媒体人、广告人和文艺青年等人群加入了民宿客栈的“大火锅”，大量小而美的高端民宿如雨后春笋般出现，大量“情怀”满满的作品型民宿批量出现，而且同质化严重，直接导致民宿房间数出现了严重的供大于求，这个阶段的大多民宿存活得都不是很好，只有极少数的民宿获得了正常收益，存活得还算不错。

在 2004 年到 2016 年这段时间，我都是在以个体户方式开店，最多的时候我有 9 个店，总共有 160 多个房间。2016 年，我成立了宿联（上海）旅游

凌新建

发展有限公司，开始走公司化发展之路。到目前为止，我们已经开业了57家店，微度假综合体3个，还有多个店和项目在建，也会在下一阶段陆续开业。

M：民宿的情怀和商业运营的逻辑关系应该如何处理？

L：我一直认为，光有情怀就去开民宿是不行的，但是没有情怀的人去开民宿一样也是不行的。每一个开民宿的人，应该是既有情怀，又有很好的商业逻辑，只有这两者都具备，并且能平衡好这两者的关系，才能成为一个合格的民宿人。国内兼具情怀和商业逻辑的民宿品牌还是有很多的。

M：您认为作为民宿业运营者最需要具备哪些管理素质？

L：我觉得民宿运营者一定要专业，千万别小看或者忽视民宿运营的专业度，没有专业化管理经验的民宿运营者一定开不好民宿。因为民宿是非标性住宿产品，强调个性化，所以它对运营者的要求甚至高过标准化运营的酒店运营者。民宿运营管理者我认为最少要具备三点能力，一是对内的人员和成本管理能力。二是对外的客人接待能力，这是最重要的，它既要求主动热情，

上：山水隐庐三门峡店
下：客房内景

更要亲切如家人。三是要具备推广和营销的能力。

M：人才是民宿发展的关键，但目前民宿专业人才紧缺成为制约行业发展的瓶颈。您认为民宿业为什么缺少人才，以及民宿最需要什么样的人才？

L：我觉得民宿人才紧缺的原因还是这个行业发展过程中的躁动导致的，每一个成熟的行业都需要有自己的人才梯队和储备供给，但是风风火火的民宿现在还不具备。虽然一些校企合作的酒店管理专业的民宿管理方向班已经开始出现，但是杯水车薪，还是很难满足这样快速增长的民宿开店需求。只有安下心来做好人才的培养和梯队建立，才能从根本上解决民宿的人才短缺问题。我认为民宿现在最缺也最需要的是管家人才，管家是老板（老板娘）之外的店的灵魂和核心。

M：您对未来中国民宿行业的品牌化和集群化发展的趋势如何研判？

L：民宿的职业化、品牌化、集群化和产业化已经成为大势，不可能被改变，集群化和产业化更是将来民宿发展的核心生存基础。

民宿看起来小，但它不是一个简单的产品，它是一个非常职业性的产品，所以民宿职业化是第一特征。其次是民宿的品牌化。我们只有锻造出更有品牌效应的民宿，它才可能有更大的运营机会和生存的可能。第三是民宿运营的平台化。民宿需要一个独特的营销模式，能够更直接地管理会员体系，这是民宿能否生存的一个核心点。第四是集群化。民宿运营需要形成集群运营，从而降低成本，同时通过多店的运营模式，达到多店营收的效果。再者，多店的联合营销，得到更大的传播势能，创造更大的影响力。第五是产业化。产业化发展是乡村民宿将来的唯一出路，成为满足“吃喝住游购娱”产业生态微度假综合体，产业化让乡村民宿的收入呈多元化递增。产业化，它在我的理解中是最核心的。民宿靠卖床位行不通，我们做集群化以后，应该做产业化逻辑，其实现在很多民宿都在做尝试，包括酒店圈也有很多店在做尝试。可能卖房间的收入只占总收入的50%~70%，但其他收入也会占到一定的比例，其他收入的比例越高，企业的生命力和投资回报率越高。过去一个单店，想满足吃喝住游购娱不现实，但在集群化的情况下是很容易实现的。

M：产业集群之后，您怎么看待集群内的分工与布局，需要哪些条件来实现高效、有序且各展所长的产业生态？另外，目前中国民宿界的集群品牌您认为哪些值得研究？

L：产业集群就已经是度假综合体了，不再是民宿集群，这个是有根本的区别的。至于分工和布局，我认为每个企业都有各自的操作方式和运营模式，不可能相同，也复制不了。但有一点是肯定的，民宿只有通过多品牌，多业态聚合成产业集群式度假综合体，才能满足升级后的消费者日益多元的休闲度假需求。集群化发展是我最早在国内提出并实践出模型，但那已经是过去式。我们宿联在发展过程中，已经从民宿、民宿集群发展到微度假综合体。

文化鼎立的3.0时代

M：民宿发展从1.0时代的轻松、2.0时代的乱象，到了规范有序的3.0时代，您认为将会有哪些亮点或增长点？民宿走向普遍亲民化之后，什么是制胜的拉动力？

L：我认为民宿3.0时代最大的亮点是民宿有序和理性发展。情怀泛滥的民宿从业者退出，大批既有情怀又有商业逻辑和运营能力的民宿人走上前台，民宿发展进入可持续良性发展的黄金3.0时代。我认为，民宿走向普遍亲民化之后，产业化发展导致的收入多元化是民宿运营制胜的拉动力。

M：河南民宿的发展，具有独特的资源优势，丰厚的历史底蕴加上乡愁文化，成为一个亮点。针对消费环境和消费群体，如何实现更有效的竞争力？

L：河南民宿正在按照民宿3.0时代的发展需求大步前行，回避了民宿1.0时代和2.0时代的得与失之后，河南民宿真正在实现着弯道超车。他们的核心竞争力就是在大力发掘和用好“老天爷”“老祖宗”和“老百姓”这“三宝”，一定会在下一步的全国民宿发展史上创造出更大的价值。

M：目前中国民宿领域普遍存在淡旺季明显差异的问题，您个人认为民宿如何应对淡季的营销？

静谧的小路

L：其实淡季并不是没有客人，只是客流量相对减少了。因此，淡季要做的是，如何把这部分有限的客流引流到自己的店中。方法一：多做软文推广。撰写一些有质量的原创软文，在客栈民宿微信公众号、微博、今日头条、豆瓣、马蜂窝、面包旅行等平台推广做传播。方法二：搜集一些旺季数据，如收支、客人入住数量、渠道来源结构、客人信息等。通过搜集这些数据，分析旺季经营状况，调整经营策略。最好是能够在旺季维护好与客人的关系，增加回头客。方法三：多做活动。淡季人少，更适合做各类活动，瑜伽、禅修、茶艺培训、拓展等。另外，现在及未来的营销渠道一定是“线上 + 线下”相结合的，我们可以把民宿客栈与周边的一些吃、行、游、购、娱等其他旅游要素结合起来，形成一个个旅游精品产品小包，实现双通道式整合营销。

M：请您分享一下宿联中国取得的成绩。

L：宿联中国创立之初的愿景就是成为“城乡旅居生活方式的引领者”，在杭州、苏州、烟台、南昌、三门峡等地市，结合得天独厚的地缘优势，培育起来几个风格独特、个性鲜明的民宿项目，一经推出就得到消费者、业界的一致好评和褒奖。

山水隐庐已经成为新坪村异军突起的明星项目，更是豫西地区新晋旅游目的地，也是乡村振兴、精准扶贫的优秀案例，已经入选为河南省精品民宿、全国乡村旅游重点村。发展至今，宿联旗下拥有民宿品牌隐居、贵里、喜舍、栖墅，微度假综合体品牌山水隐庐，项目已经覆盖中国大部分区域。

致力于中国民宿产业服务与发展，这是宿联文旅的使命，也是我的个人使命。2020，我们将只争朝夕，不负韶华。

段王爷：民宿的情怀体现在人文关怀上

【人物简介】段王爷，蓝莲花开民宿品牌创始人。

【坐标方位】杭州、湖州莫干山、安吉、上海

M: 美宿志
D: 段王爷

寻找自己的足迹

M：2013 年，您在杭州青芝坞开了一家店是吗？

D：是的，早期玩客栈、民宿的人都是有情怀的，我的合伙人是浙江大学玉泉校区毕业的，他对浙江大学那一片地区有感情，我们就一起合作开了第一家店，名字叫蓝莲花开。第一家店开业后的一年半内，我们的入住率都是 100%。回想起来其实不是我们经营有多厉害，主要是因为时机，加上我们的创意，把它打造成了年轻人喜欢的样子。那家店我们投资了大概 150 万，两年不到就回本了，还挺快的。之后觉得这个行业挺好的，就开了第二家、第三家。第三家店之后，我们觉得应该到乡村去。很多时候，人会对大自然有种莫名的好感，人面对绿色会心情舒畅、平静。所以后来我们就到莫干山开了店，名字叫白云深处 · 从前慢。那家店虽然经历了很多波折，但仍然非常受客人喜欢。

M：蓝莲花开的名字由来是怎样的？表达了怎样的品牌内涵？

段王爷

D：我们这个年代的人大多喜欢民谣，喜欢许巍，许巍有一首歌就是《蓝莲花》。歌词里有一句："没有什么能够阻挡，你对自由的向往"，我们听到这句话就很兴奋，但仅仅套用这首歌就会显得有点没创意。"蓝莲花"是个名词，加上一个"开"字就是个动词，我们觉得这样挺好，所以就叫"蓝莲花开"。

M：您做了10年民宿。您如何评价这10年？

D：我讲理念的时候会把不同的民宿分开，讲得最多的是乡村民宿。我认为人类喜欢寻找自己以前的足迹，有人会从古镇上寻找，去看老房子、老船、古桥、古墙。后来希望能有更深的寻找，所以会到乡村，到乡村寻找之后，乡村就会有产业发展。人们对于个性化产品的需求会随着受教育的背景以及物资需求的升级而不断上升。这个过程中，本来是一小部分人先来寻找自己想要的生活，然后吸引来了一批跟他相同的人，这个时候的民宿就会开一家火一家，因为它燃起了人们的这个点。但是这个点始终有一个临界点，我觉得2017年年底是莫干山和安吉乡村民宿的临界点，那时候中国两家大的众

上：安吉山楂树店
下：上海朱家角店

筹公司助推了民宿，早期的时候一份效果图和一份合同就可以众筹了，你可以一分钱没有。破了这个临界点之后，民宿开始爆发，很多人做民宿就不再是“玩玩”了，民宿到了市场上，就会有竞争，有竞争力之后就看你专不专业。民宿这个行业有一个很好玩的现象：任何人都可以进来。这十年，刚开始有心灵追求的人来做会比较好做，以市场为导向之后就进入了白热化，这时候，进来“玩”的人就会纷纷倒下，因为他们没想着回报，只是想“玩”，而真正进入市场的可以持久一点。

安吉秘径店

最大化发挥个人魅力

M：现在困扰单体店的问题，就是人才问题，在人才培养方面你们做了哪些探索？

D：因为我喜欢民宿，我从事民宿行业这么多年总想有一天有一所高校可以有民宿专业课。专业课一般在高校里面比较容易落实，但是要想成立一门专业是很困难的。最后我就找到了杭州科技学院，他们的领导思维挺活跃的，把我的民宿课嵌入到酒店管理课里面，就是把它当成一门课来上。我为此编了 40 个课时的民宿专业课，这对我来说是往前踏了巨大的一步。

我们去招人的时候，招聘点排满了学生，说明年轻人喜欢这个产业。我在学校里对民宿行业的传播也起到了很大的推动作用，很多学生毕业之后来到我这里上班，我觉得还挺有成就感的。我们这里面还有一个大话题，就是乡村振兴。乡村振兴到最后的核心我想还是人，最好是年轻人能够回到自己的家乡做事情，这样整个乡村才有活力，乡村需要年轻人回去。

除了高校的人才培养，还有就是我们自己培训。蓝莲花开通过自己价值观的推广，使得一些年轻人愿意跟随我们，在培养人才上暂时还没有出现很紧张的情况。

M：您对民宿的品牌推广营销有什么建议？

D：我觉得还是应该强化主人文化，在民宿行业里面，开一家小店成功率是很高的。虽然大家说民宿行业竞争很激烈，那是因为有很多民宿没有把它做出真正民宿的感觉。开民宿是一件特殊的事情，我给单体店的建议就是最大化地发挥你的个人魅力，比如房间不要太多，五六间房，做得用心一点，要让民宿返回到早期的日本民宿和我国台湾民宿的那个感觉。

回归本来的样子

M：现在大家开民宿可能都会说到“情怀”，您觉得民宿应该怎样讲情怀？

D：我认为民宿的情怀体现在人文关怀，它不是不追求回报，而是人文关怀，是情感的纽带，情怀应该是人与人之间的最简单的情感交流。比如我们所有的店都要求管家每个月花 1000 块钱左右去买花，因为我们有个理念：有民宿的地方，鲜花盛开。我们想把美好生活表现出来。在山里的管家，有时早上会到山上去采花，要是刚好有客人在那里，就问客人要不要一起去，采花时一起聊天，回来把花插一下。我个人理解这就是情怀的部分，就是人与人之间的情感交流。

M：您对民宿行业未来的发展有什么看法？

D：大自然是最适合人类生存的。因为我们祖先从山林里来。这是一种远古的乡愁。人们会思考人与自然的关系，生命的价值以及没有节制的创新，是否真的幸福等问题。思考这些问题多了，就想到乡村，到山里待几天。

既然民宿除了可以物理存在，也能让更多的人满足精神需要。那什么样的民宿会活得更好呢？

第一：超强 IP 民宿主。无论男女老少，无论国内国外，只要你有一个非常明显的独立 IP，就能带火一家民宿。打个比喻，如果陈丹青先生开家民宿，那肯定天天爆满。

第二：民宿连锁。虽然民宿是非常讲究人文关怀的小众产品，但因其映在山水之间，也会被人们喜爱。总有一批消费者讲究品牌，有了品牌，卫生、服务、管理标准得到保证，让人有安全感，民宿品牌在营销上也会有优势。

第三：农二代。农二代的优势是：受过高等教育，或在外闯过世界，见多识广，综合素质高。他们回到家乡，用自己家的房子做民宿，生命力很强。他们有经营理念，也有纯正的原住民文化，会给客人真正的民宿体验。

潘敬平：云里雾里的生活美学

【人物简介】潘敬平，过云山居联合创始人。

【坐标方位】台州、桐庐、丽水

M: 美宿志
P : 潘敬平

需要一个异乡的家

M：您在旅游媒体行业从业十几年，从哪一刻有了要亲身涉足民宿行业的冲动？

P：想涉足民宿是在2012年，当时做旅游杂志编辑需要报选题，我报了一个选题叫“江南秘境——丽水”。那时候丽江很火，突然发现有个城市叫丽水，名字很相似，但默默无闻。我仔细地看了一下丽水有些什么，发现有个县叫松阳县，县里有多个特别漂亮的村落。在那些古村落里，你看不到任何水泥房子，村口种有大樟树或是大榕树，有狗在乱跑，有背着背篓的妇女，有炊烟，有果树，那样的生活特别美好，让人有想住下来的冲动。

33岁到40岁的年纪，其实已经有些乡愁了。那时候就发现，你需要有一个异乡的家。那个地方民风很淳朴，当时我们是自驾过去的，我是租的车，后备厢是空的，可是当我返回的时候，后备厢装着几十斤的橘子、柚子、土豆。当地村民非常欢迎外地人，那种欢迎骨子里带着中国儒家思想对人的友爱。我觉得，这样的地方特别适合当远方的家，从那时候开始，我就对这个地方

潘敬平

有了亲切感。之后偶然认识了在当地做民宿的一个姐姐，在那位姐姐的介绍下认识了当地的县长。县长是一个特别有想法的人，他想把村子打造成一个民宿村，或者说把民宿作为松阳的一个自助型产业来做。在那之后，我们就慢慢一步一步地做下来了。这种冲动，其实归根到底还是源于自己内心的一种需要吧。

我们从没想过要撬动一个地方的经济，带动产业发展什么的，真的只是因为自己需要这么一种生活的方式。很长一段时间，我最大的快乐不是说跟哪个明星吃过饭，毕竟那是我们工作中的事情，我最大的快乐是回到乡村，跟我的老乡喝一杯。这就是两种生活方式的一个互补。

M：以前的经历对您创建这个企业有什么样的帮助？

P：至少有 30％ 的民宿主会陷入一个怪圈，想做民宿就做了，不会去权衡自己有什么资源，这就是冲动。你不能说冲动是魔鬼，冲动其实很善意，也很真实，做这件事情的时候你确实很快乐，辛苦的快乐。以前的经历对我的帮助最直接的就是，我们第一轮的传播，基本上都是我媒体圈的朋友帮忙的，才能迅速地让这样一个不起眼的民宿被大家所知道。同时，我认为，以前的经历让我的眼光更敏锐。当我第一眼看到这个项目的时候我就知道这个东西肯定会火，因为内心里有一种感觉，能看出它建好之后会是什么样的。

M：您认为创办一家民宿的关键是什么？

P：关键要有一个好的团队。我们三个创始人是初中同学，我们一开始甚至没有签任何协议，完全是因为信任和爱好，大家都很喜欢这个地方。很多人都会从商业角度出发，而我们纯粹就是从兴趣爱好的角度，这种就属于热爱第一、生活第二、赚钱第三。一开始我们甚至设想过，如果一个客人都没有，我们就每人认领两三间房，我们朋友很多，可以让大家来免费住。

云里雾里的生活美学

M：当时选址为何会想到松阳西坑？

P：西坑这个地方，像悬浮在山里的一个村子，上下都是竹林，它像热气球一样悬浮在那儿，长得像一颗心。作为一个媒体人，我很喜欢胡思乱想，我在想，这颗心能代表爱情，它能给人很多想象空间。当时是县委办的一个朋友带我们去的，他说之前有人想要整村开发，后来却没有这个勇气，所以我们真的是第一个吃螃蟹的。

M：是先定的赏云主题，然后根据主题去寻找符合的地方，还是去到西坑之后才定下的赏云主题？

P：赏云主题是到西坑之后才定下来的。我们是第二次去的时候才看到云的，那种感觉像是云在冲向你。我们不需要延时摄影，拿手机正常拍视频，就能看到云冲过来，把村子淹没，这种动态美感很少见。所以当时我们就想，如果我们做一个以云为主题的酒店，前景是很可观的。那个时候，大家都在做山、做海、做古镇的主题，没有人以这种独特的视角捕捉到细微的元素作为一个美宿的卖点。有的云跑得特别快，所以我叫它博尔特云；有的云很平，所以我叫它平头云……云有不同的形态，很符合不同消费者需要的消费场景，所谓场景就是代入感，会让他们很有那种画面感，想身临其境。

M：如果让您用一句话形容过云山居，您会如何形容？

P：云里雾里的生活美学。首先就是要契合我的主题，看云。其次，云来的时候会让你晕眩，会让你赞叹，会让你沉醉其间，因为太美。它不光是一个看风景的地方，它其实还是一个可以让你隐居，让你吃到最绿色、最养生的食材，让你感受中国最仙意的村落文化的地方。

紧绕主题塑造 IP

P：我们就是一切让位于室外的云。室内基本上没有太隆重的东西，都是轻质化的，把窗开到最大。这个其实跟中国古村落的建筑理念有一些矛盾，从前古村落里建房子最注重的是安全，窗户越小越好，现在技术改善了，生活也不同了，我们需要的是人和自然融合在一起。我们的目标群众，就是跟我们一样的人，喜欢极致的风景，在风景里可以偷得浮生半日闲。

M：为了体现“云”，过云山居内部都利用了哪些元素？

P：我们的客人叫云客，房间叫一朵云、两朵云。我还养了一只狗叫九朵，因为它是一条小白狗，棉花团一样。我们的内部装修用了云灯、云杯垫、云杯子，我们的下午茶叫过云下午茶……内部所有的元素都是围绕“云”这一主题的，只有这样，IP 才能变成品牌。

M：过云山居里，您最喜欢的是哪一部分的设计？

P：我最喜欢的是峡谷上的一个露台。在那个露台上，你可以看到两边的山峰和前面的竹海，然后是梯田、森林。风一过，你就会感觉自己在飞。

以情怀点燃情怀

M：过云山居刚开业的时候可谓一鸣惊人，开业 15 个月入住率一直保持

本篇图片均为过云山居桐庐店

着100％。您认为，这样的成绩与您前期做的推广宣传工作是否有着必然的联系？

P：我觉得这个也有偶然的原因，因为我们是在三年前做这个项目的，那个时候，产品端没有这么出挑的精品民宿，在这么偏僻的地方建一家民宿，可能让消费者有一个猎奇的心态。所以，会有美国、泰国等地的朋友飞过来住过云山居。感觉我们个人的情怀点燃了所有喜欢这种生活之人的情怀。

M：您对民宿的看法是什么？

P：我觉得，民宿现在已经变成了一个非常不美的词汇。因为我们对照了台湾的美宿，对于台湾民宿而言，终其一生，身为民宿主的夫妻俩都会在

百年梯田上的四个白色魔方

这个房子里，不可能去开分店，他们就守着自己的家业，用自己富余的精力来帮助更多的人实现旅途的梦想。我住过很多家台湾民宿，每一个民宿主的微笑，他们做的菜，甚至一些梗，我都记得非常清楚。其中有一对会做陶瓷的夫妻，他们会带我们去他们的秘密精品区，给我们看他们引以为豪的瓷器；有一个老太太做的豆腐花特别好吃，真的有很多客人会因为一碗豆腐花来住她的美宿……每个民宿主都有绝活。但在我们内陆，民宿的概念似乎越来越泛，农家乐也叫民宿，田园综合体也叫民宿。然而在我看来，民宿真的是一个很美丽的词汇，比客栈要美，比酒店要美。所以在这样一个带有情景化的词汇面前，我们很容易把它变成一个产业。内涵不一样，但是我觉得这是好事。为什么呢？因为乡村太需要关怀了。

陈子墨：原始性是民宿最宝贵的东西

【人物简介】陈子墨，五号山谷品牌创始人、湖南省民宿分会副会长、张家界旅游协会民宿分会会长、五号山谷文旅投资集团董事长。

【坐标方位】张家界、鹤壁

M: 美宿志
C: 陈子墨

儿时的文化

M：张家界的盛名远近皆知，您在这里开民宿，想要营造一种怎样的在地文化？

C：我选择山谷是一个无心插柳的过程，起因是我要回家陪父母。2012年民宿还没有这么发达，但是我就想做个民宿过日子，陪父母。

因为老家正好在张家界风景区附近，有天然独特的地理优势，周围游客多。它表达一种怎样的在地文化呢？用我们的话说就是土家族的生活，从小在这里长大的经历。雨墨染山川，地域建筑风格美学展现人民生活的状态，我18岁时就体验过了。现在的在地文化和儿时的在地文化，都是一种农场景象，那时我们在小河里洗澡，夏天摸鱼，我们把它作为农耕文化体验，我想恢复往日的农耕文化景象。

M：五号山谷的名字有什么寓意？想要传达怎样的理想？

陈子墨

C：五号山谷的名字，带有一些有趣的巧合。土家族丘陵山岭地区的每一个山谷都叫“峪”，比如嘉峪关。我们那儿，从西边往东边走，第五个峪叫大西峪。我们就把这个“峪”拆开成“山谷”两字，于是它的名字就叫“五号山谷”。

自然的感觉，家的感觉

M：您认为自然的原始性和交通的便捷度有没有需要调和的平衡点？因为五号山谷主打的就是桃花源式的理想生活，那是否人为的痕迹应该相应地少一些？

C：是的，原始性是民宿最宝贵的东西。农村做民宿，它的优势就是绿水青山，原始性的保护在民宿中尤其重要。五号山谷总说的两句话：要保护好原生态，改变原状态。从景区的门票站去到五号山谷，要两公里的路程，政府经常说，有钱要帮我们修大公路，但是我们不需要，因为一旦修上大公路，就把整个的原生态圈破坏了。五号山谷打造桃花源似的理想生活，穿越过去，豁然开朗，我们就在山谷等候着。我们需要尽量保存原始小路，树木葱郁，

上：客房内景
下：窗前小坐

弯弯曲曲，使人们有一种回归的感觉，回家的感觉。

我们打造五号山谷的时候，不允许的有几点：第一，不准用挖土机；第二，不准砍树木；第三，不做假山；第四，不做草皮；第五，我们不改变山体的原貌。在我的认知世界里，我认为山才是主体，一切建筑只是山的一部分，这就是我们中国集大成者的天人合一。山才是我们民宿的主题，民宿的任何建筑，必有山的一个组成部分。土家族的聚居地，以前是坡地，搬到平地之后，楼下喂牲口，楼上住人，我们整个的生态和它的建筑风格是一致的。尽量保持地域建筑文化，保持在地文化。

M：对待自然，对待人与自然的生态关系，您有哪些看法？生态美学能不能在民宿的营造中上升为一种生活美学？

C：生态美学方面，从规划到最后打造这个产品，我们只有两个要点：第一，保护好资源才能极致；第二，用现代的玻璃，让它和自然融为一体。不管在房间，还是在公共空间，五号山谷的任何地方，和自然都是零距离的。我们的房间尽量保持着简约，但一定有品质。

五号山谷规划和理念就两句话：把自然做到极致，把生活做到极简。在开始土建的时候，我们遵循的原则是：我不动山，山不动我。很多的泥石流，很多坍塌，都是人类自己造成的，因为挖山，把山体挖坏了，就会发生灾难。而我们和山融为一体，这是我们在基础建设时的一种理念。

M：五号山谷的建筑主体是武陵源的百年土家族老屋，这本身就极具特色和文化符号意义，您如何表现传统的土家乡村特色和文化内涵？

C：我们的建筑，木质风格也好、土桥风格也好、茅草风格也罢，一定有一个重要的原则是不用新材料。我们对客栈文化的打造是道家的思想。无为而无不为，我们就让它的一切按自然的来。什么样的人都可以来我们的民宿，我们也不去打造网红民宿，因为我们一直以自我为主。我们认为，一个民宿，它就是民宿主自己的生活，喜欢的生活方式的自然表达。

没有风格

M：五号山谷如何进行风格或元素的融合？

No. 5 Valley

No. 5 Valley

左：五号山谷张家界店

C：土家族房屋是风格古老的建筑，它随着新材料的开发而变化，像玻璃、钢架梁，这些以前都没有，我们在这方面大胆用材。里面使用现在的文创时代的内饰，外观上我们尽量保持着一种原生态。欧美客人占了60%，五号山谷是一个最完美、最不冲突的土家族民俗和欧美式风格的建筑搭配。我觉得，土家族风格对欧美客人最大陪伴是舒适感。在空间布局上，我们的房间占山谷的1/3，公共面积占2/3。为什么呢？一个人只有八小时睡在床上，那么其他的时间在哪里？一定在户外或者公共空间里，所以我们的建筑基本上是按这个规划的，2/3的公共面积，1/3才是住房。

M：与自然亲密相处，美食的返璞归真，其实也是一种生活哲学，您怎么看？

C：我认为美食应该是用当地材料用心制作的食物。这是一种高级待遇，原始而高级的品尝体验。我们也有自身的文化，我们把客人都当作家人，家人来了，我们把最好的季节菜拿出来，用最好的肉，做最好的菜，做得清爽，这是我对美食的一种理解。美食的问题如果上升到美食的哲学上，其实就是一种自然的哲学，一种自然的喜欢。

M：您怎么看民宿与乡村振兴的关系，城乡的二元对立式发展是不是可以通过这种方式得到一定的消解？

C：这个大有好处，第一，恢复了往日的乡村景象，邻里和谐。第二，乡村不再是一个空巢，老人有所养，儿童有所育。因为有产业，山谷的每个管家一年有六七万块钱收入，就不需要出去打工了，这样其他的产业也跟着来了，养鸡、喂猪、喂鸭子、种植水果，其他农产品加工……围绕民宿产业，有很多的农业产品出现。所以我们经常说，小小的民宿是一个大大的产业。

M：您对民宿行业的未来信心如何？

C：就五号山谷来说我是充满信心的。五号山谷会发展城市周边自驾一小时左右能够到的地方做民宿。民宿不可能消亡，因为好的山水可以让城市里的人清清脑洗洗肺，民宿的明天会更好。

易成：人文关怀是终极目标

【人物简介】易成，自在悬崖品牌创始人。

【坐标方位】大理、腾冲

M: 美宿志
Y: 易　成

把艺术和人文融进民宿的空间

M：空间具有艺术感和人文色彩，是您酒店的一大特色，您认为这种设计是想传达什么样的理念和生活态度？

Y：人文关怀是我们做酒店的终极目标，我们希望好的酒店能打动人，滋养人。在一家好的民宿里，住下的人不仅应该体验到硬件和服务带来的舒适感，更应该有精神上的舒缓和陶冶。艺术和人文都是经历漫长岁月沉淀下来的宝贵财富，是人类的精神家园。营造一个温馨舒适的空间，就是要让自己从精神上感到舒适和快乐，才是能够打造持久气质的秘诀。我们的民宿，也是想要传达人文关怀，从心灵深处滋养来到这里的每一个人。

M：您在悬崖主题中融入了熊图腾的意象，而图腾会让人联想到古老的民族文化，这主要基于哪些方面的考虑？

Y：我们这个装置艺术作品叫《有熊》，因为腾冲高黎贡山经常有熊出没，

易成

这既是对云南地区自然生态的一种真实反映，也是希望能带给大家各种有趣的联想，艺术就是来源于生活又能启发联想的存在。民宿是一个自由的空间，它的点睛之笔往往不是硬件的装饰，而是能够让人眼前一亮、会心一笑的软文化，所以，我认为这个装置的意义就体现在自然和艺术的双重营造上。

M：无论是自在主题还是悬崖主题，当地的生态之美是重要的资源。您怎么看待环境对您酒店选址的影响力？

Y：好的自然环境或者说好的选址，对经营成功一家民宿至少占50%的权重。民宿诞生的环境，是走向自己理想的第一步，舒适的外在环境能够直接让人产生愉悦感，才有可能接下来打动人们的内心，牵引人们的想象。生态环境是不可多得的禀赋，不管是旅游业还是民宿业，根本目的都是想要引导人们去发现美好、体验美好、感受内心的愉悦和满足。

M：您认为具有高级感的生活应该是什么样子？

Y：自然是我们选材中重要的一环，原生态的选材直接体现着我们想要表

上：自在悬崖腾冲店
下：客房内景

达的生活理念——自然、健康、自由、随性，把自己融入外界自然生长的原始森林，客人们可以体会到重返自由的快乐。在这样的环境中，很容易滋生艺术的苗头，自然和艺术本就是相通的。当你专注于纯净、美好的东西时，内心也就开始向温暖和善思靠近。真正有高级感的生活不只是外观奢华，还应拥有低调气质的艺术，这是一种内心的充实和富足。

民宿进阶，转型才有未来

M：云南民宿的发展，经历了从客栈、青旅到精品民宿的阶段，您认为民宿未来应如何转型？

Y：未来民宿是一个新物种，它一定是区别于传统商务酒店的标准化，是个性化的、多元的、丰富多彩的，但更多的是理念和思想的升级，我们的民宿，未来想要打造个性化和多元文化的度假方向，旅游在向度假升级，民宿也应该升级。

M：在当前的文化消费水平下，您认为民宿业是否与之匹配，有哪些可升级或调整之处？

Y：现在民宿都把重点放在颜值，真有个性和内涵的民宿还是不太多。关键还要看主人的情怀，真正有情怀有匠心的主人才会在内容上下足功夫，做出与众不同的民宿。所以，我们未来的发展方向，是要在内容上多做功课，把自己最初的情怀融入在地文化中去，把随着时间和经历增长的思考和想法也融合进去，做出自己独有的气质和原创的内容。

M：随着市场准入门槛的降低，多元化且主题特色鲜明的酒店大量涌现，您认为什么是一家好民宿的核心竞争力？

Y：民宿主才是一家好民宿的真正核心竞争力，只有真正有内涵的民宿主才能给民宿注入生命力。主人文化是一家民宿的灵魂，民宿的气质和风格与主人息息相关。

重返自然，回归纯粹

M：您即将推出落户在怒江的新作品，能否简单介绍一下它的特色和不同？

Y：我们怒江的云上半山酒店定位为云南半山酒店中的艺术品，无论建筑风格和内容营造比过去大理和腾冲的酒店会更加纯粹和艺术。针对怒江的生态环境和民族文化，它的风格可以更加原生态和艺术风，我们想要好好保护和挖掘这块宝藏，因地制宜做出一个精品和艺术品。因为地理位置和独特的文化风格是得天独厚的，我们的作品也会感应周围的环境，自然而然萌发艺术创作灵感。

M：从不经意间与大理相遇而做民宿，到有规划地前往腾冲做民宿，您经历了哪些成长？

Y：民宿的特点是小而美，尽管小但系统性很强，不能有短板而且最好还要有长板，这要求每个民宿人要尽快加强学习和完善自我。我相信每一个优秀的民宿人都会成长为全能选手，设计、选址、施工、经营、自媒体还有园艺等都要掌握，民宿人最后会成长为生活家。

M：您的酒店做过《心花路放》电影的取景地，吸引了一批粉丝打卡，您怎么看待新媒体营销和粉丝经济对民宿的影响？

Y：好的民宿是好的产品+好的流量，民宿是诗和远方的代表，它很吸引人的眼球，新媒体营销必不可少，每个民宿人都需要学习和掌握。身处新媒体时代的民宿，如何与这个时代的思潮和未来发展方向相结合，是一个关乎自身生存的重大命题。就新媒体而言，在现今的发展阶段它已经初露峥嵘，正面的影响力和传播效应对民宿具有很重要的助力。如何减缓随之带来的浮躁，民宿主人应该清醒认识并且修炼好强大内功。

黄继军：归去来兮，鹿饮溪

【人物简介】黄继军，海南鹿饮溪创始人。

【坐标方位】文昌

M: 美宿志
H: 黄继军

是无心栽柳，也是蓄谋已久

M：鹿饮溪现在是海南民宿的一个标杆，2017 年开业一年，就荣获国际性赛事的大奖——法国双面神设计大奖。

H：是的，后来我们才知道，全球设计师、设计院交投的参赛作品多达 2000+，最后入围的，只有 126 个，淘汰率高达 95%+，比高考残酷多了。不过呢，说起来有点小骄傲，法国双面神设计大奖只是鹿饮溪诸多奖项中的一个，我们还拿了 2019 意大利 A Design 国际空间设计奖、2018 加拿大蒙特利尔 GPD 国际空间设计奖、2018 美国洛杉矶 IDA 国际空间设计奖。国际性的奖项不是一个，而是四个！

M：当初是什么样的因缘让您不当银行行长，成为鹿饮溪宿主？

H：是无心栽柳，也是蓄谋已久，最恰当的说法应该是因缘际会吧。2017 年 6 月的一天，朋友约我陪他到海南文昌潭牛镇的大庙村去看一块地，

黄继军

他希望租下这块地，请我帮忙参谋，也希望我成为他的合伙人。我记得，是潭牛镇的镇书记带我们去看的。

进村的路上，我被一幢两进的宅院吸引了，门是虚掩着的，我一推，一个雅致的小院呈现在眼前，尽管杂草丛生，仍然掩盖不住院子的美。我对镇书记说，要是能把这个院子改成民宿就美了，书记当时没说什么。当晚，我向朋友分析当前的房地产形势，建议朋友放弃这个项目。

朋友的项目我建议他放弃，镇书记却给我打电话问我白天说的话还算数吗？我丈二和尚摸不着头脑，反问他，我白天说了那么多句话，他问的是哪句。书记说老院子做民宿的事，我又惊又喜，反问他说可以吗？他兴奋地说："可以的，我落实了，那宅子无主，你可以免费使用，我们政府会配合你，打造个美丽乡村。"

我放下电话，一下子又喜又忧，喜的是：我那两年一直在关注的乡村振兴，终于有一个机会可以介入了。忧的是：这样的老宅改造，我没有任何经验，也没有这方面的资源。我是银行人，最清楚钱在一个项目中的重要性，钱投进去了，要讲回报的。这老宅从何下手？配套的产品如何定位？都是大问题。面对这样的老宅子，我能力有限，一定要找帮手才行。

大庙村的老宅因鹿饮溪而重放光彩

M：帮手您是如何找到的？

H：现在是网络时代，信息的发布和传播都离不开网络，当然是到网上找了。当天晚上我就开始刷手机，在海量的网络信息里找我想要的人。才15分钟，我就被一个叫李帅的设计师吸引住了。他的作品，看过后很有感觉，还拿了国内设计师奖项。我再一看，他的微博粉丝3.5万，是我搜寻出的粉丝最多的一位设计师，粉丝还都是铁杆粉。我想，如果请这位设计师来设计，不仅能有好作品，设计师本身的粉丝，就是我第一批引流的对象，可谓一举两得。我心里决定，就是他了。

我一下定决心，立马在微博中私聊设计师，发了两张图片给他。现在我还保留着当时的对话记录：

"海南文昌有个民宿设计，有兴趣接吗？"

"很有感觉。"

"您在哪个城市？"

"北京。"

“把您身份证号码发给我，我帮您定明天的航班来海南看看。”

“您都没有问我的收费标准，就敢叫我过去？”

“收费不是问题，我看过您的作品图片，相信您的能力，但设计费不讲价的同时我有个要求。”

“什么要求您说。”

“我要求您帮我设计的作品必须拿下国际大奖。”

“难不成拿不到国际大奖还要我退设计费吗？”

“有这个意思，你敢接吗？”

“好，我接了。”

当鹿饮溪获得第一个国际大奖的时候，我和李帅调侃说，我这心情是又喜又忧，喜的是获得了国际大奖，忧的是设计费退不回来了。

全力以赴做民宿

M：促使您下决心辞职的契机是什么？

H：就是我看到了现在的鹿饮溪，尤其是找到李帅后，我意识到，我必须辞职了，我要全力以赴。

M：您是怎么落子布局的？

H：我出生在城市里。每年我父母带我回乡下探亲，我都极不情愿，因为农村卫生条件差，脏是最大的体会，上个厕所就是一场痛苦经历。还有就是蚊虫叮咬，让你一个晚上睡不上安心觉。所以，我认为鹿饮溪首先必须满足城市人对舒适的基本要求，要向高端酒店看齐。解决这个问题后，另一个问题就是鹿饮溪的定位。在与设计师交流的过程中，我发现设计师对海南的美食和气候深深喜爱。我在银行工作中，也常接待外地的客人。我会带他们去文昌清澜码头吃海鲜，海鲜的滋味每每打动客人，曾经有广州分来的同事在他的朋友圈里说“人生此餐之前的海鲜都是假的”。再就是公司会计，东北小姑娘，刚来文昌时我们告诉她，文昌的海鲜是甜的，她不能理解。在品尝多次之后，她完全理解“甜”的含义了。受美食的启发，我考虑把餐饮结合到民宿的消费中，而对高端海鲜追求的群体就形成了鹿饮溪的定位，即高端休闲客。

主调定下来，其他问题就迎刃而解了。围绕高端休闲客的高净值客群需求，我们又把接送机、周边游项目也结合到消费中，采用一价全包式消费。我们“鹿饮溪”的一价全包，首先就解决了海南景点间交通不便，客人对本地美食不熟悉，城市人大部分不懂得挑好的海鲜等诸多痛点。其次，我做的产品是我喜欢的，因为喜欢我就会用心，哪怕遇到困难我也会想方设法解决。

M：市场认可您的想法吗？

H：开业后提供三餐、接送机、周边游服务成了鹿饮溪的特色，客人在还没有入住之前，管家已经详细了解清楚客人的各种喜好，水果喜欢什么，餐食偏好什么口味，这样能确保客人在体验海南特色的同时，有家的温馨。入住过的客人都认为鹿饮溪是值得的，口口相传，客人越来越多。

M：您对海南旅游的未来空间怎么看？

H：我认为海南的整体旅游度假行业及民宿业的发展仍有较大的空间。首先海南的气候条件好，空气质量高；其次海南的农产品种类多，热带水果在全国具有独特的优势。但实际情况是海南的整体旅游度假行业及民宿的发展都很不理想，一方面是具备优势和独特的自然资源，另一方面却是游客量下降，游客体验感不理想，没有深度挖掘用心打磨产品。我坚信，传统的封闭运营方式，以门票收入为特征的景区旅游，已开始让位于在乡村范围内进行休闲度假旅游的新模式。相对于景区观光，乡村旅游具有更多的休闲特征，它其实是在一个相对“慢生活”的现实中对自然环境、人文历史内涵的寻找与对话过程，因此，主推地域文化的独特性，就成为增加乡村旅游内在魅力的重要途径。

M：您觉得海南有什么文章可做？

H：海南旅游的地域特点是典型的热带与亚热带气候，景观特征是南北分化，东、西、南、北、中，各有各的特点，有点像武侠小说里的不同门派。文化也很有特点，历史移民文化与地域文化交织在一起。移民文化细数起来

鹿饮溪在保留琼北民居特色的同时又拥有现代元素

有冼夫人与军坡文化、始祖与海祭文化、苏东坡及海南贬官文化、黄道婆与中国棉文化、琼州华侨与南洋文化。现代移民文化也有很多亮点，比如说农垦戍边文化、知识青年文化、建省闯海人文化、冬季候鸟人群文化。再加上少数民族文化，就更多了，比如黎族文化、苗族文化、回族文化。特色族群也有文章可做，比如疍家文化、军屯文化、客家文化、临高文化、哥隆文化、蒙古后裔文化。还有丰富多彩的非物质文化遗产，制作技艺类别艺术，各类节庆文化。

如果以上述的地理特征和文化特征为主线，结合非遗文化、节庆文化、技艺艺术，专业化、差异化、细致化地打造产品，实现从粗放到细腻运营，那海南的旅游度假产品会精彩纷呈，同时民宿业也将大有可为。

钟伟：用院子把家传下去

【人物简介】钟伟，传家合院品牌创始人。

【坐标方位】成都、大理

M: 美宿志
Z: 钟　伟

美学对经营民宿是非常重要的

M：您之前从事美业的经历，对进入民宿领域有什么帮助？

Z：美业就是塑造美的行业，也需要特别注意细节。有审美能力的人，生活会丰富多彩，无审美趣味的人，生活将千篇一律，美学对经营民宿是非常重要的。经过多年的思考和准备，我在天府之国成都的武侯祠旁建立了第一家城市民宿，我们给了它一个有着“家文化”的名字——传家合院，就是想以传播中国“家文化”为核心价值，还原家的温度，让出行在外的人体验到家的温暖。

M：什么因素驱动您作出做民宿的这个决定？

Z：我和大多数人一样，有一个让自己、让家变得更加美好的梦，尤其是父亲去世时对我的一个嘱托，让我把这个家延续下去，但一直没有一个合适的表达方式去让它呈现出来。

我的性格还是比较理性的，但有时也很感性。一次到腾冲商学院的同学

钟伟

会，入住的是一家坐落在森林里独栋带院子有SPA有温泉的度假酒店，一人一个独立的院落。在舒适的环境当中，听着风吹着树叶的声音，在音乐和香薰促进下做SPA，可以让嗅觉、触觉和思考都达到一种身心畅快的享受，在此环境中突然听见同学们对我录制的倾心关怀的话，看到几百只萤火虫从房子的四角飞动起来，这种场景让我感动，至今记忆犹新、难以忘怀。我觉得真正的享受，不是吃了什么，玩了什么，而是一种走心的、融入了情感的、有思想的感受。这就是我想要的感觉，做一间以家为主题的，有温度的民宿的想法由此萌发。

刚开始我也没有想太多、太远，后来发现做民宿很有意思，不仅可以盈利，还可以认识志同道合的朋友，这些朋友也因为喜欢传家合院的文化，认同传家合院的经营理念，后来变成了传家合院的合伙人。现在传家合院100多个合伙人中，很大一部分都是曾经的住客。现在我把自己其他的很多项目交给专业的团队去做，然后想专注做民宿以及和民宿有关联的东西。

客房内景

M：您的第一家传家合院创办已有6年，但是它整体的装修、品味和感觉都很好，当时怎么考虑的？

Z：我认为好的民宿应该满足目标客群的需求，空间除了要表达主人的情感之外，如何让客人融入民宿生活，寻找到居住的共鸣点也是至关重要的。尤其是如今民宿的发展很快，它已经不仅是一个住宿产品了，更是一种生活方式。住是最基本的功能，在一家民宿里感受到了什么，遇到什么人，思考了什么都很重要。

传家合院成都店定位为城市民宿，所以在整体设计中首先考虑的就是摒弃传统星级酒店的标准化设计，用心雕琢，把记忆中对家最依赖的部分放大，把家最触动、最不能忘怀的完美安置在最恰当、最重要的地方，让它整体的装饰装修、风格品味和体验感受都能体会出主人对家的情怀，对家的温度。

我对第一家民宿很珍惜，在筹建过程中从产品定位、设计施工、团队组建、服务内容到运营方案等每个环节、每个细节，都会亲自参与。我的要求是很苛刻的，不仅要求团队要能很好地理解我的想法，还要满足不同客人的需求。为了我的第一个民宿作品，我们光开会讨论文案就有好几十次甚至上百次，不断地推敲、反复地讨论才会实施。我的设计师团队、品牌团队和运营团队先后到我老家去了多次，走访了很多我的亲友发小，去了解我从小到大的生活轨迹，去寻找我脑子里家的概念，最后就知道了该如何去表达它。

上：传家合院成都武侯祠店
下：别具特色的老物件

我要求传家合院的每个家人都要把入住传家合院的客人像家里最亲近的人一样去对待，去营造每个人对家最喜欢的氛围。让入住传家合院的每一位客人感受到这里不仅仅是一家民宿，更是一个有温情的家，到这里，就像是回到自己的家里一样。

把民宿做好其实很复杂

M：做民宿，您觉得最大的困难是什么？

Z：民宿是一群累积了一定财富又对生活有情怀的人的回归，是攻城略地累了修养身心的加油站，是现代都市人的一种度假选择，是一种风雅的极致人文生活方式。要满足这些需求是很难的，是需要综合的知识结构和复杂的环节设置才能塑造出来的。

有些民宿主对民宿考虑得过于简单。讲情怀不讲商业，这样做的话，我认为90%会亏损。讲商业的人呢，又不讲情怀，这样的民宿是没有温度的。所以不能只讲情怀，或者只讲商业，必须是商业和情怀二者的融合。

单体民宿很难孵化出团队。要把民宿做好，要么就形成绝对的高端，要么必须要形成连锁品牌，所以说独立的一家民宿是很难做的，单体店存活的期限是有限制的，员工很难发展。

M：作为成都市民宿客栈协会的会长，您对协会、对行业有什么期许？

Z：我们成都确实连续几年都是民宿度假旅游人数最多的，但问题是成都的民宿没有形成独立的IP。比如说你听到大理会想到洱海，听到杭州就会想到莫干山，听到成都你会想到哪里？所以成都目前没有一个很好的IP。所以，在疫情后如何快速的和同行们一起振兴民宿行业，是一次挑战和考验。首先就是发挥好协会的组织功能，推动成都民宿行业向规模化、规范化、精品化、精细化方向发展，打造成都民宿的IP。第二就是集合优势资源和力量，为民宿赋能，让成都的民宿主们都能赚到钱，有赢利。第三就是做好抱团营销传播，拉长民宿发展的产业链。

邓存：文化永远不会褪色

【人物简介】邓存，读旅土楼美宿品牌创始人。

【坐标方位】厦门、南靖

M: 美宿志
D: 邓　存

新旧相融的土楼，古今碰撞的文化

M：福建土楼是列入世界文化遗产的珍贵文物，在改造过程中，您有哪些具体的考虑因素，如何实际把控新旧之间的关系？

D：首先我们考虑的是如何最大化地保留土楼的原汁原味，设计以尊重历史、修旧如旧、建新如旧为理念。如何活化土楼一直是历史难题，以民宿注入土楼古民居新的生命力我认为是最好的保护方式，很多不在世遗保护范围内的土楼濒临倒塌，我们把土楼改造成民宿，形成联动效应，才能拯救保护更多破败的土楼。

古代土楼是结合中国传统建筑风水理念，适应聚族而居的防御要求而建，所以原来的房间都很小。房间功能分为一楼厨房，二楼储粮，三楼住房，一户人家拥有整栋三楼或者多楼，大多没有厕所和洗浴间。我们在改造过程中，结合现代人体工程学，最大化地把土楼的功能性保留了下来，同时把房间格局打通，一楼用来做茶舍、餐厅、酒水吧等公区功能，二楼到三楼为独立复式客房，这样既解决了客人的隐私问题，同时也解决土木结构的隔音问题。

邓存

原来的夯土墙面、老花窗及门板都保留修复，同时以美学空间布局的概念和土楼空间相互呼应，让整体没有违和感，形成相互共存、共融、共享。我想这是一种完美且和谐的新旧关系。

M：海岛文化中比较具有典型代表性的是妈祖文化，与土楼的物质形态不同，以精神形态存在的民间信仰与民间文化怎样融入民宿的主题之中？

D：最好的融入就是保留，其实读旅每个在地项目，都是寻找具有在地特色的建筑载体，比如平潭的石头房子，厦门的古厝，建筑本身就代表了一种精神形态，更具有乡愁。同时在空间内容和表现状态上会结合在地文化，把当地的特色挖掘出来，让建筑和文化理念集合在一起，以视觉冲击和人文体验放大原有的在地建筑肌理，让空间去说话。客人走进这一方空间，无需多言，就能通过感官体验，进行一种文化传达。湄洲岛读旅民宿更多的是一种承载，精神信仰太过于厚重。民宿要做的是在居住和度假功能上的体验，比如客人去妈祖庙祈福完，再回到民宿，感受到的是海洋自然环境的愉悦，既是祈福之旅，也是度假之旅。

民宿是种生活方式

M：对当地生活方式的体验，可能会涉及打破静态展示的民俗活动，有没有具体的体现和参与方式?

D：民宿生活着重融入在地，让旅客自发地参与到当地的生活方式，拒绝走马观花式的旅行。进行深度游，民宿要发挥在地优势，比如很多就是本地人，可以带客人体验生活，我们会带客人参加陶艺体验、民俗体验，或者和当地人一起去山林中挖笋，其实旅行的最终目的不是到达，最美的也不一定是风景，而是在这个过程中的心情愉悦。在平潭项目我们会组织客人进行海钓活动，也会请旅客去蓝眼泪爆发地，感受独特的自然景观体验，融入当地最好的方式就是和当地人一起体验和参与。

M：您认为民宿的自由化和生活化，会对未来的旅游行业产生哪些联动效应?

D：民宿是适应新旅游形势下的一种住宿特色的产物，首先我们要明白无论给民宿赋予任何的意义和美好，终归还是要体现在“住”这个基本需求上。有了民宿这个载体，很多旅游由原先的一日游，短途游变成深度游、体验游，这对旅游市场来说是极大地增加了游客黏性。

现在的旅游住宿追求个性化，一家具有在地特色的民宿甚至可以带动一个地区的旅游业态，民宿和旅游行业不止是联动效应，更具有共生关系。往后民宿主人的个性化会逐步专业化，未来的旅游行业和民宿将会结合得更加紧密，同时相互成长和促进，好的民宿会给未来旅游行业带来更多的可能性。

M：土楼既是文化遗产，也是民族艺术，美好的生活方式会让人打破雅俗之界，您认为民宿应该如何体现民间性和艺术化？

D：土楼是用来住的，而不是看的，只有住下来，才能深度体验。在土楼的空间和人文上把“土”这个文章做好，土到极致就是潮。对于公众我们要接地气，改造整体的尺度要把握好，既要有民间的生活气息，也要在艺术化的表现上联动空间和内容，形成雅俗共赏。

探索保护与传承的实践之路

M：在对土楼进行保护和传承创新的过程中，您认为有哪些实际的困难或问题？

D：土楼是群居的建筑产物，因为年代比较久远，涉及的租户也比较多，很多物权需要确定。要完成一栋整体土楼的租赁，在前期的租赁过程中需要做大量的工作。同时在改造过程中有些村民的不理解容易产生纠纷，这一块的思想工作和沟通极为重要，前者关系到民宿项目的稳定性，后者关系到改造的最终效果，所以在改造土楼的过程中，要花费非常大的财力成本、时间成本和沟通成本。

M：民宿与非物质文化遗产保护相结合的道路，您认为在未来有哪些优势和难点？

D：土楼民宿建筑载体的唯一性，能让未来的经营保持独特的优势，我觉得这是核心，设计和审美可能会过时和疲劳，但文化永远不会褪色。网红民宿的生命周期很短，文化民宿的生命周期持久性强。古民居后期着重考虑的是维护成本，以及在未来经营过程中的体验感。

坚守内心的价值观

M：新生代的旅游消费人群偏向于轻松、自由、创意、精神导向的需求，

永定土楼内景

您认为应该如何让传统与文化遗产亲近年轻消费群体?

D：首先我们要把厚重感留给体验，减少解说式旅游，偏向寓游于乐，空间状态和体验感要符合当下年轻人的消费习惯，同时抓住产品特色进行差异化营销。相关的思路可以参考故宫模式，如何打造成网红特色而不失人文底蕴，同时让消费群从原来的被动接受转向主动了解。传统与文化遗产有很多内容可以创新，但一定要贴近生活和保持特色。

M：山、海、城、艺术、文化等诸多元素的融入是文化资源珍稀性的体现，在运营过程中有哪些保护性措施和创新性举措?

D：运营过程，总的来说我认为它是一个去繁从简的过程，一定要坚守项目核心价值观。每个项目都有它独特的属性，先保护后创新，在设计之初就要介入到里面，才能让后期的运营更加顺畅。比如说海，我们找海的元素除了自然风景和在地特色建筑的结合表现，还要发掘一些独特的自然现象，平潭的“蓝眼泪”现在已经成为一种网红现象，基于这个进行联动营销，在运营过程中它其实就已经自带流量了。

M：民宿对大众的影响力在生活方式和思想观念方面有哪些具体体现?是否可以导向未来的社会风向?

D：民宿可以是一种生活方式的表达，让旅行更美好，同时留住乡愁。对大众来说，民宿是向往中的美好生活方式。住民宿是一种潮流，也是一种非常特别的体验，能够更加贴近旅行生活，还能使在地文化体验感加强。民宿的人文和业态表现，是未来对有品质旅行的最佳落地方式。至于会不会导向未来的社会风向，我觉得追求美好的事物是人的天性，但同时也考验广大民宿从业者的正能量。我们要虔诚地做好每一家民宿，打造更多的小而美，小而精，小而特的美宿。

钱江：通过丰富自己去丰富我的店

【人物简介】钱江，行驿云舍创始人。

【坐标方位】铜仁市梵净山

M: 美宿志
Q: 钱　江

自由、自在、自然、随性

M：行驿云舍与行驿·揽月台的名字有什么特殊的含义吗？

Q：行驿云舍，意为自由自在，纯粹诗意的旅行居所；行驿·揽月台，意为不求炫目，不淆世俗，揽月入怀的自然之所。

M：选址定在梵净山有什么特殊的含义吗？

Q：梵净山，得名于“梵天净土”，原名为“三山谷”。古语云“武陵正源，名山之宗”，乃梵净山。梵净山是5A级旅游景区，中国十大避暑名山之一，是贵州最独特的一个地标，不仅环境优美，空气清新，而且还是中国唯一入选2019年《国家地理》杂志全球最佳旅游目的地的景点，著名学者余秋雨也曾经写过梵净山。

M：行驿云舍与行驿·揽月台的风格布局有何不同？行驿的设计理念是

钱江

什么？

Q：行驿云舍的风格以白墙和木色为基调，以实木花格、矮凳、竹、藤、麻和其他天然材料组成，形成朴素的自然风格。主要传递自由自在，纯粹诗意之境。云舍店注重“形”的传递，整体为简洁的和风。

行驿·揽月台的风格同样以白墙和木色为基调，以实木为器，为饰，为物。揽月台以大幅的落地窗和临溪露台为框，以窗外的山、水、鹤、鸟的自然美景和云雾为幕，以中式极简原木色纯木家具布置室内，配置香炉、蒲团、瑜伽垫等禅修设施，传递融入自然，自然俊逸的生活环境。揽月台更注重“境”的打造。行驿打造的旅居生活空间，能够从寓意、气度、境界等方面传递山水包容之境，居住清明惬意之境，以及生活美学和练达之境。

春暖花开，重逢之时

M：行驿目前设置了哪些娱乐项目？

Q：目前行驿有不定期的品茶会，周末的清吧驻唱，提供旅拍服务，还有骑行活动。以后还会增设临河泳池，组织梵净山徒步以及周边茶山采茶体

上：静心茶室
下：远眺梵净山
右：客房内景

验和葡萄园采摘体验，以增加客人的体验感和融入感。店内还会增加手作体验项目以及不定期的读书会。

M：行驿寄托了您的什么情怀？

Q：如果把民宿当作是一个职业或者工作，我想能够坚持下来的会所剩无几。但是如果是能够融入并享受这个过程，会其乐无穷。我一直坚持通过丰富自己去丰富我的店，我丰富了、店里的小伙伴丰富了，我们的店也就丰富了。所以，店里的扎染、茶品、咖啡以及点心都是我们自己做的。大家在这里，是在学习中工作，工作中生活。

民宿行业，有很多有意思的领域，有吸引我的风景和未知事物。在做民宿的过程中，有很多可以拓展的领域和未知的惊喜与挑战，我想这就是我做民宿的情怀。

M：在打造行驿的过程中遇到过什么困难？

Q：行驿的打造，我从选址—设计—装修—筹备—运营，都事无巨细地参与了。首先是设计落地需要一个非常有经验的酒店工程的施工方，我们施工方素质欠缺，增加了不少施工难度；其次是人员招聘很困难，现在的年轻人都向往都市繁华，在风景优美之地，能够守住初心，静下来沉淀自己的少之又少，这个是最难的。

千千：让梦想花开

【人物简介】千千，云里小坐品牌创始人。

【坐标方位】成都

M: 美宿志
Q: 千　千

画一个“梦想之饼”

M：您创办的云里小坐，短短的时间里就成为网红打卡地，谈谈您的云里系列各有什么侧重点吧。

Q：第一家云里小坐·小院里 2017 年 12 月开业，定位创意中餐厅。第二家云里小坐·花园里 2018 年 9 月开业，定位创意火锅餐厅。第三家云里小坐·山上见 2019 年 3 月开业，定位也是创意中餐厅。到了第二家店开业的时候，我和搭档成立了云里小坐餐饮品牌管理公司，开始将门店的后台管理进行统一标准化管理。

各个店的侧重点主要还是根据门店自有的环境氛围、可改造格局与空间。适合的场景搭载适合的配套产品，不可拘泥，不能生搬，更不能硬套。

M：从民宿转战餐饮，是遵从内心的召唤还是被事件推着走？设计理念是什么？

千千

Q：其实真的是热爱美食，但又不愿意投身于商场中，所以我开始研究过去的农家乐市场，重新为这类型的产品做升级定位，才开始形成云里小坐休闲度假餐饮的调调。

M：未来的民宿会不会诞生像肯德基、麦当劳这样的超级大品牌？

Q：我相信有的，那一定是标准的升级版，借着民宿的势头和市场消费的需要。只不过它从青年变成了壮年，而那个时候，“民宿”这两个字可能就升级变成了小型、特色、个性的精品度假连锁酒店。

M：小民宿变身成大型精品度假连锁酒店的最大障碍是什么？

Q：我觉得最大的问题是，中国物业租赁或者土地规划用地的稳定性，会成为个体民宿、品牌公司投资发展最重要的投资风险。中国现在大部分的景区用地规划，乡村土地调规等还在发展中，地方还在整体升级调整产业配套，或者政策调整景区由第三方运营公司投入经营管理，或多或少都会对产业配套中的吃住行产生根本性的影响，而吃住行是直接决定真正具备民宿特色、度假文化、在地风情连锁发展的核心。

当然，随着越来越多文旅公司进入产业配套文旅项目开发，根本性解决了民宿的土地问题和租赁村民物业的风险，但民宿的个性及选址特色化的要求，对所在地深度人文文化及风土人情或多或少会有一些破坏和牺牲。

左：云里小坐·花园里
右：云里小坐·山上见

M：您曾说乡村旅游要营造一个有温度的社区。如何理解这其中的“温度”？

Q：我想在45岁或者50岁以后，不再有足够的精力在全国奔波做运营策划，自身对人文风景也看得差不多时，有一处安放身心和精神的地方，扎根享受生活带来的另一种创造。两三年前我的想法跟今天有些不同，也不太成熟，今天回看这个规划肯定是升级了，当然有时候也需要把自己内心深处的愿景和精神力量画成一块可触摸的“梦想之饼”。它里面的产业和生态结构一定是人的关系，或是一群有趣好玩的人，或是对自由、生活有个性追求的朋友，或是有不同技能和兴趣爱好，并且可以把它们作为产品内容包装经营的人；找到有创意和想法的中国好邻居，一起生活，一起守护有趣的家园；这里吃的、住的、玩的和乡村生活体验都有。我们不仅可以自己享受这份自然的快乐，还可以把感受共享给更多对未来乡村有更美期待的人。

民宿的未来取决于哪些人在带头玩

M：您对民宿行业未来的发展有什么看法？

Q：民宿的未来，取决于这个市场是哪些人在带头玩。现在民宿有景区民宿、城市民宿、乡村民宿；民宿的体量有个人单体店，个人合伙性质的，轻资产公司运作化的，有文旅地产公司的，也有资本市场品牌连锁化的。所以民宿未来为了保障土地合法性，可能文旅性质类的项目，或者景区公司发展的集群模式的IP民宿会成为更有保障的选择。毕竟近些年大家因为一些规划性的土地调整，环保型土地调整，政策性土地不明确等走了一些弯路。

未来民宿投资会更理性，不计回报做民宿的，估计都是真爱或喜欢。所以我个人认为未来市场化投资和运营的民宿会升级为资产保障性的投资状态，当然私人很难做到土地深度融合，所以自然有更多大公司或者文旅地产

云里小坐·小院里

公司进入，解决行业的痛点，以文旅大 IP 带动产业小 IP 的孵化。自由资金形成的生态业态旅游市场会被大的景区运营公司所管理；乡村民宿如果土地规划尚未确定，或者农民物业处于拆迁未确定规划物业，很难抗衡时间和政策调整所带来的投资性经营风险。所以预估未来的 10 年或 20 年后，民宿产业投资一定是投资有保障占第一位。固定景区并稳定物业生态方式的将继续成为轻资产运作的品牌公司，即无实体民宿资产重头，具有品牌价值的民宿管理品牌；最后一种是自购或流转土地，建筑风格独特，具有时代代表性，没有跟风设计和网红元素，有自己独有 IP 理念和文化底蕴。大师设计孤品，难以模仿的主人生活方式及主人对生活的热爱，形成有核心竞争力的民宿建筑空间一体化产品。也就是说，具有主人生活，民宿文化，在地趣味的建筑空间，会是真正民宿体验的旅行目的地。

M：您对民宿行业的未来信心如何？

Q：我是有信心的，我肯定民宿必将几级分化：一种民宿上升到资本化运作型，求体量和规模，让事业型的人可以看到行业的希望；一种是生活型，不求数量和规模，但求生活和生存双丰收；另一种是传承型，不求单体规模与体量，但求质量和品质，以自己的生活态度和生活品质以及对生活的理解为核心，用毕生心血建筑一座属于自己的，可以容纳自己和喜好物件的传承空间。这中间的区别和分化只是怎么看这个行业，事业心强一点，就追求公司化或者集团化的管理和模式，这是资本化运作型；生活型的民宿，是对生活美学充满激情及内心真正热爱民宿的人前行的方向；最后一种就是完成一件可以与人共享和分享的使命空间，属于精神文化高度的绽放。例如著名舞蹈艺术家杨丽萍老师的艺术酒店，大理白族画家赵青先生的青庐庄园，知名餐饮外婆家吴国平老师投资的杭州野马岭，丽江吾莫青庐艺术酒店等。这些目的地酒店不仅是产品，还是行业的作品。

回到根本，但凡跟生活方式有关的落地化产品，总是会吸引人前行探索，只是未来会更加规范，投资保障会更加有商业逻辑。

徐季：把美好的空间传递给他人

【人物简介】徐季，云南大理怡都寸氏庄园、大理和柒联合创始人。

【坐标方位】大理

M: 美宿志
X: 徐　季

带着热忱，遵从内心

M：您曾经是高校老师，为什么想到要自己出来做酒店呢？

X：我选择出来做民宿，其实是因为喜欢。因为校企合作经常会接触到民宿，如花间堂和安缦，这些民宿的文化了解得越多，我就越觉得民宿的服务比较个性化、有温度，体验下来我更喜欢民宿一些。

我本身学的是旅游管理专业，精修酒店管理方向，但没从事旅行社导游职业，是因为我喜欢酒店人士展示给外界的感知度和文化内涵。所以初衷就是因为喜欢，能够让我感觉很舒心，幸福感很强。遵从内心，我选择了投身民宿行业。

M：有什么事件促使您下决心要离开？

X：事件的话其实非常小，有一次我参加一个云南省高校学生比赛，不断地接触酒店和民宿行业的从业者，发现他们的思维和对生活的应变能力非常

徐季

强，综合能力也很强，我想自己也应该有喜欢的工作环境和方式。虽然我也比较热爱教师这个行业，但我的性格似乎更爱自由。我觉得人需要多重经历，人生很短，经历很贵，我想要实现自己的快乐，觉得做民宿就是我想做的事。

把美好的空间带给他人

M：为什么叫和柒呢？

X：当时取“柒”之名，首先是从佛家角度取意七宝，我们有 7 间房，很自然就切入了这个角度。“和”是大爱，和谐、和美，想让这个空间给人带来美好和好运，其实寓意非常简单，就是想让这件事和我们的团队以和谐、和美的样子延续下去，把这个美好的空间带给其他人。它很小，是一个开放式的花园海景空间，但它可以让人放松，遵循了小而美的精品民宿的概念。

M：运营的情况怎么样？

X：我们是 2019 年 7 月开业，目前我们已经生存下来了，从五一以后就是 100% 的入住率。现在也托管了其他家的店，有了其他家的加入，房间数量增加了，也给了我们很大的信心，打算做出一个核心品牌。

上：庭院景致
下：客房内景

M：您未来还希望和柒呈现什么样状态？

X：我们更希望自然呈现好的空间，回归和谐美好的状态，把所有自然的美，大自然的恩赐和福报充分表达出来。举个例子，如果下次做民宿的话，依然会选择资源依托型民宿，以自然山水为景，用自然空间去表达休闲修心的境界。

打造庄园生活

M：您是什么时候接手寸氏庄园的？您希望它未来对外展现怎样的风貌？

X：从6月份开始着手，正式开始的话是7月，一直筹备改造到现在。简单来说，我想让它呈现为一种庄园生活。庄园本身发源于英国，它对生活品质要求很高，古老而神秘，浪漫而高雅。我能想象到的体验和对未来的设想，就是在这个拥有漫长历史的古老庄园生活，给它创造惊喜的可能。让它更场景化，让酒店本身变成旅游吸引物。来这里不一定要住宿，因为它里面有寸氏文化、白族文化、鹤庆银文化和人们想去体验的生活方式，有吸引人的地方，客人会自然前来。

M：能否简单讲讲您对寸氏庄园文化历史的理解？

X：我第一次来这里非常震撼，在没有深入了解它的人文历史之前，仅仅一面之交就已经为它所折服了。三进的院落规模齐整，航拍非常漂亮，老宅子的美在于细节的精致和用心。白族照壁、老木雕、鹤庆的银文化，每一处细节都承载着建造人对美好的想象和寄托。我们今天看来，依旧能够感受到他们当时的那种心境，如同时空穿梭的震撼和感动。我希望在向大家呈现美好的同时，能够一起保护云南具有历史意义的特色古建筑，共同传承民族文化。

这片水土本身充满了历史文化的厚重美，又有山水的灵性，但从经济角度复盘它，又是一个挑战，需要一个非常强大的规划。抛开商业因素，鹤庆

新华村既是银都水乡，又是民俗文化之乡，小锤敲过一千年的匠心文化，很轻易就能触动人心，在没有任何规划的情况下，无意识中就已经接受了这里。

M：您希望寸氏庄园走到一个什么样的高度？

X：我希望它变成一个活着的传说，形成一直会被记住、被传递下去的美丽庄园文化，神秘而美好，古老而浪漫。让不知道的人了解它，让了解它的人永远尊重它、爱它的文化和气质。

七七：所有的一切磨炼了性格

【人物简介】七七，丽江棉布七七客栈创始人。

【坐标方位】丽江

M: 美宿志
Q: 七　七

旅行让人有新的发现

M：您是否可以跟我们简单介绍一下棉布七七的品牌内涵？

Q：说是品牌，其实还言之过早，只能算是自己的一个梦想和情结。棉布七七这个名字来源于我的微博名。大家都叫我七七，我觉得棉布好像让人感觉比较柔软，于是就以“棉布七七”为名开了微博，写一些文章。经常有来丽江的女孩到客栈跟我说，棉布七七，我之前经常看你的文章！这样的感觉还挺好的。过了十年左右，我微博上渐渐不发文章了，偶尔还会收到一些小卡片之类的礼物，她们会在卡片上告诉我，来了丽江没好意思跟我打招呼，还会说我过着她们梦想中的生活……

现在我没有以前那么感性了，但看到这些还是会觉得感动。我们来丽江这么多年了，十年前写的东西、做的事，大多都记不清了，却有其他人记得，而且比我记得还清楚。人都会向往自己生活当中得不到的某些东西，我想起自己早期也是来丽江拜访一些民宿，会去打卡，我很向往这种生活。

七七

M：您之前很喜欢旅游吗？

Q：来丽江之前还没怎么去旅游。我从小在上海长大，那时候觉得在上海挺好的，也没想过要出去看看。但是来丽江之后，接触了一些不同的风景，我的心境就有了变化，开始喜欢外出了，喜欢去一些比如西藏、莫高窟，这些蕴涵深厚的文化底蕴的地方。丽江这边，像香格里拉、泸沽湖，游客会觉得是一些景点，但我就会去了解当地的风俗和人文。来到一个地方，心里会对这块土地生出一种好奇，要了解完中国这些文化，其实还是要花很长时间的。当你跟别人聊这些的时候，说不定又会有新的发现，就很有意思。

M：您是一位上海姑娘，怎么想着来丽江开客栈？

Q：主要是觉得这里的风景真的很特别，当时的丽江也没有现在这么商业化。我是上海长大的，城市的东西见得太多了，来丽江就见到了很多民族风情。我在丽江，第一次看见雪山、草原，感到很震撼，二十几年来，我从没想过原来还有这样一种生活。当下就觉得，我更适合这种生活，大城市里的生活突然变得特别没意思。

慵懒的午后

院落景致

所有的一切磨练了性格

M：一个女生在人生地不熟的丽江开客栈，有遇到什么困难吗？

Q：我自身完全没有接触过装修、设计这一块的知识，从打地基到盖房子、装修……都是我一点点学，然后去实践的。在工地几个月，跟工人一样，一身灰，还很累。但看着客栈一点点按照我的意愿建起来，很有成就感。第一次做这些工作，没什么经验，整体风格可能也没什么设计感，但那时候还是觉得挺好看的。2014年的时候，棉布七七开始扩大，也请了专业团队。整个过程中我学会了计算成本、制作盈利表等等，还有很多一系列的琐事，这些年里我全都接触过。我也认识了很多人，结交了很多朋友，改变了对一些事物的看法。有些人说我在这里度过的十年里已经见识了一辈子的事，所以对许多人和事都见怪不怪了。所有的一切都磨练了我的性格，我不会再像年轻时那样，一遇到不顺就闹脾气，性子都变得柔软一些了，我对父母也渐渐多了体谅。我觉得这些是我在上海生活再多年都无法获得的。

M：客栈的19间房间风格都是不一样的，棉布七七的装修理念是什么？

Q：在古城里，民宿各方面其实有很多要求，并不能完全按照每个人的想法来。我们如今的改进也算是为了满足客人的要求，要保持房间的整洁，空调、卫浴之类的设备也要合格，然后在这些基础上，增加一些民宿的设计，比如帘子、木雕、绣片……将这些民族元素结合现代的设施，让客人在居住舒适的前提下体验民族风情。现在的民宿，服务质量整体是在提升的，不像以前那么随便，所以对基本的客房服务、员工态度都有要求，包括OTA（在线旅游服务代理商）运营、价格之类的也有一系列规范化的流程和章程。

M：您对棉布七七的未来有什么期待和规划？

Q：大家都想把品牌做大，但一方面是资金原因，另一方面是大环境的原因。因为我本来的目标也不是说要赚多少钱，所以也说不上有什么特别大的计划或者抱负。我更多的想法是把客栈作为一个立足之本、根据点，让朋友或朋友的朋友，每次来丽江时都会想着过来坐坐，让他们知道丽江古城有一家棉布七七，有这么个老板娘就够了。

除了民宿之外，我想再做一些多元化的东西，比如云南土特产、当地文化之类的。我能保证这些东西都是好的，然后在民宿的平台上宣传，让外地的人都加深了解。一方面能够推广云南的旅游文化、私人定制旅游——像是带游客去玉湖村，那里的房子都是石头搭建的，冬暖夏凉，那里还没有被开发，都是原貌。另一方面，又能推出自己的产品，我觉得是很有意义的。丽江的土豆，切开是有水分流出来的，不像城里的土豆都是干的。把土豆放进土鸡汤里一起煮，那个味道是城里的人完全无法想象的。玫瑰冻干、藏香猪也是，因为运输和保存方法的限制，外面的人很难吃得到。这里有很多吃的、玩的，需要你长期住下才能体验到。这就能做成小众的私人定制路线，让客人体验跟平常的旅游路线不一样的东西。我觉得现在再花钱装修民宿的意义并不大，能结合自己的兴趣爱好做到以上说的几点，又能跟志同道合的人一起玩，我觉得已经很满足了。

张子媛：安之若宿，安之若素

【人物简介】张子媛，安之若宿生活民宿品牌创始人。

【坐标方位】腾冲

M: 美宿志
Z : 张子媛

民宿是依赖于旅游产业的

M：您之前从事的行业，对进入民宿领域有什么帮助？

Z：其实进入民宿行业最主要的原因是特别喜欢旅行。读书时期和刚参加工作的时候，每年都要计划至少一次旅行，十天左右，最多的就是来云南。太喜欢云南的气候和宁静了，想着有一天可以留下来，于是就真的留下了。每一次云南行都会超过十天，和旅游不一样，除了会选 1—2 个特别有名的景区，其他时间基本都是晃荡，吃吃小店，逛逛街道，连拍照都不多。零几年的丽江、大理，游客还很少，腾冲就更不用说了，还没有多少人知道。可能就是因为喜欢古镇里的生活，才埋下了之后做民宿的这颗种子。

M：您认为 2020 年疫情对民宿行业的影响大吗？体现在哪些方面？

Z：民宿是依赖于旅游产业的，这次疫情的影响还是比较大，尤其这次疫情发生的时间是春节，市场可以说是无一幸免。旅游根据地区不同会体现

张子媛

不同淡旺季，但春节是所有地区的最大旺季，远远超过任何一个节日。民宿的主要收入来源，住宿、餐饮、产品等，这些都是要在客源保障的前提下实现的。目前大部分的民宿也都是以土地租赁的形式，对房屋进行改造或新建，前期成本投入比较大，尤其对一些新进民宿来说，资金不能回流。与餐饮业可以走外卖形式不同，大部分民宿是零收入，同时还需要支付房租、人工等成本。疫情期间由于流量都在线上，一些民宿为了防止流量流失，也需要不断地做线上运营，成本也是不容忽视的。

M：民宿的抗风险能力是否得到体现？

Z：这次疫情影响下，绝大部分民宿都是可以坚持的。一类是单体民宿，成本低，很多民宿主自己也是住在民宿里，一半生意一半生活的状态，疫情带来的是更悠闲与自在。一类是连锁民宿，损失比较大，但好的方面是可拓展性更强，自身的抗风险能力高，市场一旦回暖，竞争力就体现出来了。

上：酒店外景
下：客房内景

露台景观

民宿行业还有很长的路要走

M：您如何看待民宿行业的优胜劣汰？

Z：我认可民宿越来越趋向于专业化，之前比的是快，比市场占有率、比规模，现在比的是走得远、走得长。民宿本身就是个性化产品，每家民宿都会有自己的客群及受众，有一段时间快速发展，看到很多复制型民宿，缺少产品本身的属性，这类民宿在后期市场阶段，是不占优势的。这几年，大家自身定位越来越清晰，相信很快会出现百家争鸣的市场。

M：您对民宿行业未来发展的看法？

Z：现在还没到民宿发展最黄金的时候，这个行业还有很长的路要走。民宿是一个新兴行业，这几年的发展真的太快了，发展得快必然会出现很多分支选择，大家还在探索式前行，但是越来越慎重了。我个人觉得民宿最好的状态会出现在未来5—8年。它本身是一个壳子，就看往里面装什么了，装好了，它会非常非常美。

程琪：新中国第一场时尚 Party 操盘手

【人物简介】程琪，资深酒店职业经理人，曾长期掌管上海和平饭店及北京昆仑饭店的市场营销工作。目前任职上海隐居酒店管理有限公司高级顾问、隐居·瘦西湖温泉度假酒店总经理。

【坐标方位】上海

M: 美宿志
C: 程　琪

和平—昆仑—首席公馆—隐居

M：您的人生经历可以用丰富、传奇来形容，在此您能否与我们简单分享一下您的故事呢？

C：可以这么说，我这辈子有 90% 多的时间都在管理各种大酒店、小酒店。我从 1980 年 1 月份进入和平饭店工作，一直持续到 1994 年 6 月，之后我去了北京昆仑饭店，在北京昆仑饭店工作到 2005 年 1 月。2005 年之后，我帮一位朋友在宁波开了一家五星级酒店，其实期间我还做过其他工作，比如去三亚凯宾斯基，所以说我还在外企工作了一段时间。后来回上海，去了一家公司，这家公司在北京有一个很大的五星级酒店的项目，由于各种原因，五星级酒店项目没建成，刚好公司有个小型精品酒店——首席公馆，于是我就去了上海首席公馆工作。

M：您在上海首席公馆待了多长时间？

程琪

C：差不多四年。退休之后，我就做了隐居。

M：作家陈丹燕曾提到您为她写作《成为和平饭店》提供了极大帮助，甚至将您写进了书中，具体内容能否跟我们讲讲？

C：现在的很多城市，包括上海、北京等都会举办很多需要穿着燕尾服的时尚party。严格来讲，新中国成立后，第一场时尚party是我办的。那时有一批长期在香港工作的老外，他们经常会举行舞会活动，当时那个活动，是以一批长期在香港工作的欧美人为中心，邀请他们世界各地的朋友参加。这些人主要是做媒体、广告、律师行业的，其中也包括了一些豪华酒店集团的公关人员，牵头的人是个澳大利亚律师，当时他已经在香港生活了十几年。1991年，这位澳大利亚律师来和平饭店的酒吧小坐，跟我说自己非常喜欢这个酒店，想在这里办一个大型的party，需要在活动期间把整个酒店给包下来，那时候我是和平饭店的销售部经理。

1992年3月，我们办了一个500人左右的party，那是上海滩最早的party。主题是20世纪30年代的上海，男士全穿着燕尾服，女士全穿着晚礼服，老年爵士乐队从鸡尾酒会开始全程伴奏，到11点开始放迪斯科。那个年代

上：隐居·瘦西湖茶苑楼

下：湖景标间

上：游泳池
下：酒店晚霞

没有DJ，我还特地向上海人民广播电台借了两台打碟机，到了凌晨两三点的时候，大家都玩疯了。那次活动发生在改革开放之初，对此类活动还鲜有报道，但香港《南华早报》、法国《费加罗报》等知名刊物都报道了我们的活动。其中有一个记者写了一篇文章，说这个活动对和平饭店的宣传产生的价值高达1000万美金……陈丹燕老师见多识广，走遍世界各地，写过很多书，在了解了这个活动之后，还是觉得非常震撼，因此在写作的时候用了两个章节去写这个活动。

M：您刚进入和平饭店的时候是做什么工作？

C：我在和平饭店工作了整整14年半，从1980年1月工作到1994年6月底。我到和平饭店做的第一份工作是客房服务员，每天的工作是打扫房间、刷马桶。后来我从客房服务员转到做前台，开始时每天的工作是看钥匙、拉行李，之后才成为真正的前台接待员。那时候的酒店还没有电脑，几百间房的排房、登记全靠手工操作，每天晚上的夜审也是手工做。我们还要学外币兑换的知识，要会识别各国外币、旅行支票，需要做很多事情。我在前台部从领班、主管一直做到经理。

和平饭店为我的职业生涯打了一个非常好的基础，让我开了眼界，知道了什么叫奢侈酒店。

昆仑饭店是一个大平台

M：后来您去北京昆仑饭店的契机是什么？

C：当时北京昆仑饭店需要一个做营销的人，找来找去找到我，我就去了。我在北京昆仑饭店的第一个职位是市场营销总监，当时海岩在那当总经理。我工作三个月后跟海岩渐渐熟悉了，他跟我说自己最不满意的是酒店的人员流动性太大，当时已经换了六个销售总监了，问我能不能待得时间长一点，结果我这一待就待了11年半。

M：对您来说，您在昆仑饭店最大的收获是什么？

C：大北京，大平台。昆仑饭店就是一个大平台，我去的时候昆仑饭店约有1000间房的营销任务量，那时候没有什么境外渠道，也没有什么国际预定系统。当时昆仑饭店刚好面临转型阶段，过去是以旅游团为主，有百分之六七十的团队客人，百分之二三十的商务客人，我们用了三年时间把情况倒过来，变成百分之六七十的商务客人，百分之二三十的团队客人。团队客人我主要控制在两个方面：第一个，我接欧美系列团，品质高；第二个，淡季的时候多接一些淡季的团。我在昆仑饭店一直做到副总，海岩还让我兼做市场营销总监。我离开昆仑饭店的时候有三个头衔：昆仑饭店副总经理、市场营销总监、锦江集团北方公司市场营销总监，管14家酒店的营销。

M：您认为，做营销的人员最主要的综合素质是什么？

C：最简单的就是了解产品。你要做营销，那你首先得知道自己做的是什么产品，卖这个店就得了解这个店。除此之外，你还得了解你负责的产品的优势是什么，如何完善它，如何定价，如何制定针对性策略。第二个是了解市场。那么大的市场，你怎么去抓住跟你的产品吻合的那一小块市场？对上了你就成功了，对不上就需要继续寻找，对上的时间越短，进入市场越快，新酒店就是这样。写书的人能写好几本书，我这样干实业的，叫大道至简。

M：您觉得什么样的产品才是好产品？

C：我认为，好的产品可以用八个字来概括：干干净净，客客气气。简化为四个字就是：干净、客气。你的酒店如果做到了这一点，一定会有生意。现在我们可以倒过来讲：客客气气，干干净净。因为现在的人会更注重感受、体验，所以现在客客气气很重要。我跟很多人的观点不一样，我觉得我们要做到干干净净才能讲情怀，我觉得如果一个酒店连基础的东西都没做好，拿什么去承载文化？所以，一个产品既要有卖点，也要保证基础。

文化酒店要进入深层次阶段

M：在您看来，文化酒店应如何打好文化牌、讲好自己的故事？

C：文化酒店一定要根据自身物业特点、区域优势去做。文化酒店要做文化，尤其是本土的文化。以上海首席公馆为例，它就是民国风，讲20世纪30年代的上海故事，讲杜月笙、黄金龙，讲梅兰芳、孟小冬的故事，有故事就有卖点。隐居是在西式元素里加入本地元素，讲的是法租界的故事，当时的设计师引入了一个概念就是张爱玲，我们的房间融入的是张爱玲的小说元素，用张爱玲串联起本土故事，引入本土文化。不论是做民宿还是精品酒店，就是要讲故事，文化酒店要进入深层次阶段。

M：目前，我国酒店仍然处于加盟店扩张时期，产品结构变化较大，您如何看待酒店行业将面临的挑战与机遇以及住宿行业发展趋势与方向？

C：我觉得加盟是一个趋势。一些数据显示，国外加盟比率很高，中国较低，所以市场较大，这也导致中国出现了很多品牌，不过其中就涉及各种问题。国际品牌连锁化是发展到一定阶段，各方面到达一定的水平、高度之后才会计划下一步，到这时候，品牌才有意义。光是创造一堆品牌是没有意义的，需要打造出自己的产品，并且保障好自己的品牌，让大众相信你的品牌，进而提升知名度。

M：作为酒店行业里的专家和前辈，您有什么建议？

C：这个行业很难做，但是还是有很多人前赴后继，所以贵在坚持、贵在顺应市场需求做好产品。小型的酒店要做到极致，要静下心来打磨。

易钟：文化才是酒店和民宿的竞争力

【人物简介】易钟，酒店易（易听会）创始人、三度文化系统创始人、中国酒店文化私董会发起人、中国文化酒店发展联盟发起人。

【坐标方位】北京

M: 美宿志
Y: 易　钟

三度文化系统

M：您曾提出酒店发展的三度文化系统，请简要介绍该文化系统的精髓。

Y：三度文化系统在国内酒店和餐饮行业是我的首创。中国有一句话“一生二、二生三、三生万物”，这是“三”的由来；这个“度”就是佛家说的普度众生，“三度”就是一种文化，包括了高度、深度、广度。

第一是高度，高度就是我们企业的顶层设计，也就是企业的战略层面。企业到底缺什么？缺“魂”，也就是我们的核心文化，我们的理念，我们的灵魂。总的来说，高度就是指品牌文化的塑造，企业文化的挖掘，主题文化的生根。有一个强大的企业高度，就有了竞争力。

第二是深度，也就是所谓的落地。总的来说，深度包含四个方面：团队文化、管理文化、产品文化和服务文化。前两个是针对企业内部的，而后两个是针对客户的。高度构建竞争力，深度强大生命力。把这四个板块做好了，企业就能健康发展，就有强大的生命力。

最后一个度是广度， 广度就是传播，构建你的影响力。也讲三个方面：第一是文化传播体系，第二是文化活动，第三是文化导师梯队。

对管理和经营来讲，所有问题都是人的问题，人的问题就是文化的问题。

易钟

文化总结为三句话：第一，把文字的内容化作行动就是文化。第二，员工每天的行为习惯就是文化。第三，顾客感受体验到的才是文化。

M：您可否谈谈您经常在演讲中提到的文化力量的“六个一”？

Y：这是我给中国饭店协会和美团美酒学院做的线上直播提出来的。“六个”一主要包括：一册，企业文化手册、主题文化手册；一栏，文化看板、学习专栏、文化长廊，酒店的可视化管理；一刊，酒店文化店刊；一歌，文化店歌，每个酒店都要有自己的店歌；一视，文化视频；一动，文化活动。

酒店和民宿是共生协存的状态

M：从您自身入住酒店及民宿的体验来说，两者有什么大的差异？

Y：我觉得目前的差异一句话可以总结：民宿让我们找到一种生活方式，酒店让我们找到一种标准，找到了服务的方式。

M：您觉得民宿和酒店同作为住宿行业，在未来的发展中两者会是怎样的关系？

Y：近几年，有一个词叫作“大住宿行业”，酒店和民宿都属于我们的住宿行业，在未来发展中民宿是住宿行业一个很好的补充。民宿的资源不仅是对酒店的补充，它们更是一种共生协存的状态，民宿会作为一个很好的平台和酒店形成有机组合。商务人士更倾向于住酒店，家庭和年轻的人士更倾向于住民宿，未来会在客户群体上产生一些细分。

第三章

八桂美宿

三千漓悬着浮萍的小卵
在木泉孵出胭脂染遍漓江的眉眼
无法耽搁的白天像雨伞折叠成画山
所有的火种化为闲云

梵俪的音律划过竹窗溪语
山水谣的绿色隧道通向龙鳞台
木泉的神话
在齿叶草里生根

丁秋莲：打造指向内心的度假产品

【人物简介】丁秋莲，桂林棕榈文化旅游投资有限公司董事长。

【坐标方位】桂林阳朔

M: 美宿志
D: 丁秋莲

难得的一方净土

M：在您看来，阳朔哪一个地方最好？

D：阳朔每一处都是最好的，只是有些地方还没有被发现。尤其是一些隐蔽的小村子，格外的美。有的小村里流淌着小河，村民会在河边洗衣服，这些场景在阳朔很常见，但在城市是很难见到的。所以我觉得，不仅仅说我们的项目是个世外桃源，而应该说整个阳朔就是一个世外桃源。

你得住下来，深入去了解它，来去匆匆的游客，很难发现阳朔真正的美。阳朔在不同的季节、不同的天气会呈现出不一样的意境，这里的山是百看不厌的，最吸引人的还是这里的空气，除此之外，这边还保留着有机肥，很天然、原生态。之前我们还特意去澳大利亚看萤火虫，其实阳朔就有，七到九月，河边步道会飞舞着很多萤火虫。我觉得从自然环境来看，这里太棒了，加之这里离珠三角很近，可以算是粤港澳大湾区后花园，交通很方便。我很喜欢这里，喜欢这里的环境，喜欢这里的农产品，如柚子、柑橘、蜂蜜等，非常健康。

丁秋莲

M：三千漓是一项非常重大的项目，请问这个项目目前进展如何？

D：三千漓主要依托桂林阳朔2200亩原生山水资源优势，总投资近40个亿，是一个大项目。这个项目我们从2015年开始筹划，做过很多市场调研，去过很多城市考察，请了不少专家做规划。前期规划我们做了三稿，都是自己推翻的。我们考虑到客人除了住，还有其他的需求，如体验当地的人文，这些都会通过建筑、园林和商业体现出来。所以我们一期做了琴、棋、书、画、诗、酒、花、茶八个文化主题度假酒店，吃的方面有桂林最地道的桂林米粉、桂北特色菜，还有多个艺术场馆和文创商店。

打造指向内心的产品

M：能否与我们分享一下三千漓的目标呢？

上：水天交映
下：人在画中

D：我们想把三千漓做成阳朔旅游度假的标杆。主要是想打造集山水赏游、人文体验、休闲度假于一体的中国山水人文旅游度假胜地，努力将兴坪镇打造成阳朔的第二中心，引领桂林旅游升级。这整个项目也是立足于传播桂林的历史文化，未来，三千漓将进化为一种指向内心的山水人文度假产品，孕育出一种旅游、商业、生态和文化相互成就的综合业态。

M：三千漓重点打造的夜游项目可以介绍一下吗？

D：对于游客来说，兴坪目前夜晚的体验内容是偏少的，这也是很多游客不会留下来的原因。我们针对兴坪这个现状和游客的需求，花大力气邀请了国内一流的演艺策划团队，打造了《三生三世三千漓》这个梦幻夜游实景演出。这个演出根据兴坪大源河的一段传说故事进行改编，讲述了神仙鱼与小渔娘延续三生三世的一段尘缘往事。

M：三千漓的度假酒店有什么创新？

D：三千漓度假酒店首先是做好文化这个主题，除了已开的天纹锦、渔家傲、花间集外，正在建设的还有琴、棋、书、画、诗、酒、花、茶八大主题酒店，都是从本地非物质文化入手，融入酒店的建筑、景观、室内装饰以及客人感知的每一个细节中，这是目前许多民宿或精品酒店都在比拼的自身优势。此外，三千漓大胆地借鉴民宿做法，引入面向游客提供个性化、定制化的管家服务，它既有星级酒店的标准化管理体系，又有民宿的人文情怀和温度，把我们的文化体验、周边深度游、个性订制服务等结合起来，形成一整套服务体系——我们称之为“新民宿主义”。

引领旅游产业升级

M：三千漓项目的落地对当地旅游行业或者民宿行业有哪些拉动和促进作用？

D：三千漓建成后，可以联合兴坪、阳朔的民宿把这里的文旅市场做大，因为目前兴坪还是不太能留住游客，三千漓跟兴坪的民宿是互利互惠的关系。

同时我们也要争取政策支持，做好运营工作，我们本身是做生态起家的，绝对不能破坏生态环境。民生方面，我们可以解决就业问题、基础设施建设，包括一些农产品的合作。把这个体系完善好，就能让大家留下来，玩得开心，慢慢去体会阳朔的山水之美，这是我们将来努力的方向。前期我们还是得先解决配套问题，从这个角度来说，三千漓不只是一个文旅项目，而是一个文旅小镇，推动兴坪打造成为阳朔的第二中心。我们也欢迎有情怀、有梦想的合作伙伴与我们携手，为桂林旅游升级一起努力。

M：漓江东岸一直是桂林重点打造的旅游线路。随着兴坪高铁站开通，一批高端酒店落地，草坪也即将打造民宿集群，您对漓江东岸和兴坪的互相拉动有何看法？

D：兴坪作为阳朔未来的第二中心这个大方向，不管是民宿还是三千漓都会受到鼓舞。三千漓有责任助力漓江边文旅产业的发展，将旅游、生态发展、乡村振兴、特色小镇结合起来，成为漓江边文旅方面的标杆之作，从而拉动漓江东岸的发展。

诗和远方的深度融合

M：广西民族博物馆首个文创基地已经落户三千漓，能否跟我们介绍一下这个文创基地？

D：广西民族博物馆文创基地是三千漓文旅融合的必然结果，这也是广西民博第一次走出来与景区合作的创新模式。它将广西12个世居民族灿烂的人文文化，通过桂林山水这个世界级窗口推广给海内外游客。我们双方的合作不只是游购体验上，经过一年多的探索，我们在专题展览、研学互动、文创开发等领域展开了很好的尝试，可以满足度假客人多层次需求。

M：广西民族博物馆文创基地之外，还有哪些特色的艺术场馆和文创项目？

上：俯瞰图
下：客房内景
右：极具特色的风格

D：三千漓主打山水人文度假区，文化是三千漓景区的内核。除广西民族博物馆之外，景区内还有许多特色艺术场馆和文创店铺。比如徐悲鸿艺术馆，还有台北故宫博物院文创品牌神话言，以及国家非物质文化遗产益德成闻药、邱广初团扇等。

M：未来三千漓将以怎样的新面目呈现出来？

D：目前，我们正在沿着大源河向上通过水路、陆路打通首开区和后半段的主题酒店群，从而贯穿整个大一期，打造千米原生态漓江山水画卷。水路上，我们将码头延伸到上游的酒店竹林处，而且引入了桂林符号化的人力竹筏项目，再加上现有的皮划艇、浆板等，可以多种方式来感受大源河的“小漓江”风光。通过陆路后半段的主题酒店群建设将大大增加三千漓客房接待能力，让度假客人留得下来，也值得他们再来。

喻祥：带您发现隐世之美

【人物简介】喻祥，梵俪品牌发起人。

【坐标方位】清迈、涠洲岛、丽江、北海、阳朔

M: 美宿志
Y: 喻　祥

秘境 & 美术馆

M：您为什么将涠洲岛的店定位为“秘境美术馆酒店”？

Y：“秘境”的概念其实是源自我十几年对于涠洲岛的发现及感受。十几年前，国家其实已经在推这个岛了，当时中央电视台有个广告说北海涠洲岛是“海上的香格里拉”。我觉得这句广告词非常精彩，这句话很美，于是我就来到了涠洲岛。上了岛之后发现广告词跟岛上的实际情况十分贴切，我们可以看到周边有大片的湿地公园，后面的海滩、树林等，整个岛显得非常原生态。这里的海滩很干净，还保持着原本的样子。涠洲岛附近有座斜阳岛，斜阳岛上的风光就像侏罗纪公园里的一样。岛上只有几户人家，甚至还有野牛、野羊等动物，夕阳西下的时候，这里的风景真是美不胜收，非常震撼。“秘境”就体现在这里。

“美术馆”的概念是由于这里出艺术家，也有很多艺术家喜欢来玩。我想在这里做艺术馆，可以推一些艺术品出来，我们来源于这里，也要做些贡献出来，以我们的影响力、人脉圈，是可以做到的。第二个想法，是从商业

喻祥

的角度，我们有一些艺术家的旅居计划，特意设计有独立的套间，艺术家在这里可以充分享受自己的创作生活，酒店可以照顾他们的生活起居。这里配有专业画室，可供艺术家们创作，我们还会打造出专业的美术馆，调性很高。这里的一切设计都不随便，不简单。除此之外，我们还会利用周边的空间做陶艺、珠宝镶嵌、木雕、贝雕等艺术教育，我们希望这个美术馆是一个杂项美术馆。之前，我去过日本的一个美术馆，那个美术馆坐落在一座山上，那座山上有十几二十家民宿，都是顶级的民宿，游客去到那里不会感觉自己只是去泡温泉，而是去感受独特文化的。我认为，中国的民宿之所以没能做起来，主要是因为大家只是在做纯粹的民宿，游客到店感受到的氛围是不稳定的，感觉参差不齐，没有做出生活的感觉。我希望，大家是带着一种符合的气质来这里生活。

酒店是长出来的

M：在打造梵俪酒店的过程中有没有让您印象深刻的事情呢？

Y：我们这个项目是涠洲岛的重点项目。我们从第一块砖的搭建到整个项目的完工共花了五个月的时间，中间还掺了春节、台风等各种因素，项目施工停了一个多月，不过整体上还是比较顺利的。这帮从全国各地聚集在一起工作的匠人们经常跟我说的一句话是：你要给我们安排一些细活。这帮匠人有从湖南过来的，有从我的老家资源镇挑出来的，大家手艺都非常棒。我们的水泥工艺是将近完美的，我们的一些门的安装、榫卯结构等，都需要很精巧的匠人才能实现。有了这些工艺，我们才能发挥自身的想象力。我们这个团队是让我很触动的一个点。

M：我们来到梵俪之后很有感触的一点就是这里的红砖的应用。请问您是从何处寻找到的设计灵感？

Y：其实我们很多年前就在用这个风格了，我认为，一家酒店是长出来的，从一个地方长出来就该带有这个地方的特质，不能和这个地方没有联系。三年前，我来到涠洲岛之后，会去考察当地的建筑材料，例如珊瑚石，我搜集了 3000 多块珊瑚石。当时的珊瑚石八元一块，我一次性就买了 2000 多块珊瑚石，后期当珊瑚石的价格涨到十几元一块的时候，我仍买了上千块珊瑚石，所以，大量使用珊瑚石，这相对来说是很奢侈的。岛民以前的建筑材料就是珊瑚石，我在改造老房子的时候不会改动它的尺寸和材料，原来是什么样就应该是什么样，这是大自然赋予这个地方的财富，我们不能也没有资格去破坏它。有些开发商一过来就把原来的老房子拆掉、加高，我看着其实非常心疼。我认为，原来的东西要去保护，对这些老房子我是把握得很死的，一点都不能破坏，这也是对在地文化的一种保护、弘扬和尊重。

阳朔梵俪酒店的一楼有一块水泥孔砖墙。为什么用这个砖呢？当初工人们是随意砌的砖，我发现这样砌出来之后看着很美，于是就思考要如何去用这些砖，后来决定将其用来砌院子的围墙。但是因为这种砖比较脆，还有一个是烧制的工艺不太一样，损耗率非常大。每一块砖都是用打磨机打磨过的，买的时候是 2 元多一块，加上运输、砌筑和别的工艺，整体的价格就会高出很多，所以说这些砖是不便宜的，但是效果很美。其实我们说每家酒店是长出来的，不是建出来的，就比如说老水井也是一个老记忆，我们不能把它拆掉，我们可以根据老水井来设计整个园林。在建设园林的细节上，我个人的观点是，特质决定园林怎么去做，不能什么都往里面放，这样会破坏园林的调性。我不喜欢一些地方在做了绿化之后，再整一些异类的树过来。

我们在传承和保护上面做了很多的考虑。我无意发现当地的水泥板很美，又简单又好看，形似广西的壮锦图案，就觉得自己又捡到了一个宝，最后我将其用在了电梯的装修打造上。单一元素的累积会变得震撼，中国青石板之所以很火就是它本身具备的功能。我们其实不喜欢做地面硬化，水泥板已经满足了正常的地面吐纳需求，也足够环保。

材料是有温度的语言

M：梵俪善于把每一样东西做到极致，每一样物品都经过了精挑细选。哪些细节让您最满意呢？

Y：其实细节还在进一步打磨中吧。比如这些东西其实是海滩上的碎珊瑚，它虽然美，但是对于海滩的舒适度其实是有破坏的，但是当珊瑚石和水泥结合就有了生命，于是我们变废为宝。我们还用了一些进口的东西，比如水泥添加剂等，水泥用久了就像玉石一样，会变得温润。我们墙面也是白水泥，表面有渗透剂，在跟海潮结合之后，它会变得越来越坚硬。在建材取舍上我们做了长久的考虑，我们会将船木做成接待台的桌面、做门把手。其实当你的技艺达到一定的程度，你才能有充分的想象空间。我希望梵俪可以作为一个思考点，对行业有着一定的启发作用。这些门是我们拆下来的老木门，刷油漆时，将油漆稀释了三倍，也只刷一遍，这都是细节。

M：这些工艺在涠洲岛是首次运用吗？

Y：对，在涠洲岛是第一次运用。泥墙方面，我们用了很多古老的工艺。去日本多了之后发现他们在传承方面做得很好，他们有传承之心、保护之心，我们为什么要丢掉呢？材料其实是有温度的语言。当你把冷冰冰的材料切成

左：前台
右上：泳池
右中：客房
右下：古老的门锁

小块之后是有语言的。我们在这方面也有相应的布局，酒店两边建了长的泥墙，泥墙会涉及以后的长期维护，包括墙头的设计也要用水泥来保护。酒店的现状其实是当下极简的钢结构与传统建筑相结合的最佳状态。

多层面阐述如何“破格局”

M：您是否能结合樊俪酒店跟我们阐释一下您对“破格局”这一概念的理解？

Y：打个比方，将红砖大面积地使用，并且将其裸露出来，让它还原材料

的本质，这就是一种破格局，让人耳目一新，有震撼的感觉，因为大家在此之前都没见过。尤其是在夜晚，你站在庭院里，在灯光的映射下，会觉得自己很渺小。其实我这个庭院的主题是“孤独”，你在这里，会被庭院的气场所震撼。做任何事情都要有一个主题，我们不喜欢舶来物，喜欢用本土的、环保的材料。包括水电，我们采用了虾塘布，只是把地下水抬高然后又回到地下，这些都经过了权衡和考虑。

M：您为什么会想到“孤独”这个主题呢？

Y：很多时候，我们需要用“客位思维”去考虑问题，再用“主位思维”去完善问题。要让他们有所选择，有所释放，也有所自我沉淀。日本的“枯山水”就会给人一种“禅静”的感觉。我不想把酒店做得太复杂，就是在做极简的东西，让人发现建筑的本质。

M：梵俪阳朔西街店、北海店、涠洲岛店分别有什么特质呢？

Y：阳朔西街店的选址是特例，不可多得，不可复制，既可以很热闹，也可以很安静，眼下都是世间浮华；北海店其实规划了很多网红气质，不管是在室外还是在室内，都可以拍照，我们在北海店把拍美照这件事情发挥到了极致；涠洲岛店是一个民宿 3.0 版，是我们的商业模式全方位的思考和呈现。

周欣：你的驱动力来自你的底气

【人物简介】周欣 ，阳朔喜岳 · 云庐酒店投资人，美国杜兰大学金融学和会计学博士，曾任加州大学伯克利商学院特聘教授。

【坐标方位】桂林阳朔

M: 美宿志
Z: 周　欣

相互成全

M：您曾在美国学习和生活多年，为什么会想到回阳朔接手云庐呢？

Z：我们现在生活中已经难以找到很好的邻居关系，但在阳朔兴坪，我看到这里的村落保存得非常好，这件事让我内心受到触动。中国的文化，不管是老百姓的建筑文化，或者是真正生活的智慧，现在已经慢慢地在城市化的过程中消失了。所以当时就觉得值得接手一做，虽然不一定赚钱，但是人的一辈子，周边的一切都带不走，我们能做的就是在活着的时候保护好它们，交给下一代。

我的搭档曲明传递给我很强的正能量，他在这里坚持了很多年，为选址走遍了大江南北，花无数心血、精力，这令我十分敬佩。我觉得我的介入是一种机缘巧合，也是一个双赢的结果，使得彼此都找到了一个很好的合作点、契合点，这是可遇不可求的。

M：对您来说，桂林阳朔最美的地方是哪里？

周欣

Z：其实，很难具体化，在我们记忆里面，会存有很多宝贵的东西，但当你想要把它具体化、形象化的时候，会发现很困难，因为任何人对美好事物的回忆都需要一个具体的载体。喜岳·云庐对我而言，就是那个载体。我们小时候光着脚丫子就可以跑到邻居家去串门的生活，是如今在大城市长大的孩子，比如我的孩子所感受不到的。我的孩子来到喜岳·云庐，刚开始会对这种乡村生活感到新奇，到了后面会慢慢转换为喜欢，我相信未来他会意识到这将成为他儿时的一个美好记忆，可能十年以后，他会回想起和妈妈在这里度过的这段时光格外开心。我的初衷就是希望把我这一代人的美好记忆，通过一个具体的物理载体延续至下一代人。我希望在我有生之年，尽全力把喜岳·云庐建设成它最美的样子。

上：鸟瞰图

下：餐厅

跨界经营不是减分项

M：您小时候是在城市中生活，但是喜岳·云庐是选择在乡村中成长起来的，您是怎么看待乡村的？

Z：我到了美国以后，发现美国人与中国人对待乡村的观念不一样。在美国，农民是一个职业，不是一个社会地位的象征，就和教师、警察等职业一样，在中国农民却是一个身份。中国人对土地的感情消失了，很多人弃农务工，或在从事农业的时候一味追求多、快、好、省、高产，这是不现实的，也是很悲哀的一件事情。中国真正最美的地方在乡村，所以我当时选择乡村的一个原因是我觉得这种观念迟早会变，乡村是中国未来的希望。乡村土地广阔，如今又归新一代人所有，很多旅游资源、社会资源其实都可以往乡村投放。

M：听说您这里的很多员工是附近的村民，这是不是一种共生式的发展？

Z：对。乡村的发展一定是离不开在乡村里成长的人，从乡土中生长的人最理解这一片土地，因此是最稳定的员工来源。所以当锁定最大的一个群体和最稳定的一个来源时，发展才是可持续的，不要去迷信国际连锁酒店来的经理，他们也许会水土不服。

M：您的本职工作是从事金融行业，您对于民宿行业应该说之前是不太了解的，作为一个“跨行业者”，您怎么克服种种困难？

Z：很多时候，所谓行业里面的老大都是被跨界经营人打垮的。比如说汽车行业，伊隆·马斯克原来是支付行业品牌PayPal的联合创始人，后来投资创办了特斯拉，如今特斯拉新能源汽车做到全球顶尖。所以我不认为跨界经营是一个减分项，当你长期处于一个圈子里思考问题的时候，你是没有办法跳出那个圈子的。很多外界来做的人就能一下子跳出这个圈子，因为他从来没在这圈子待过。而且民宿行业并不是壁垒很高的行业，所以说外行引领民宿行业，我觉得一点也不奇怪。

院落

M：听您提到了很多关于环保、生态的理念，喜岳·云庐是老房子改造而成，您能否为我们介绍一下其中的夯土元素？

Z：在桂北地区，夯土其实是二十世纪七八十年代很多老百姓会使用到的建筑元素，每一家建房子的时候，全村的小孩、年轻人都会过来拿起棍子打夯土，这是一个劳动场景，而且几乎是一个社交场景。现在还能看到漓江两岸居民楼的颜色不一样，这是因为当地采的土不一样。成片的夯土集群已经非常少，因为建造一个夯土房子需要用到全村人的力量，在当今年轻人都出去打工的情况下，村民们更实际的做法是买砖砌墙，所以夯土造房在农村的建房方式中几乎完全消失了，并且夯土的保护难度是大于重建难度的。

泳池

品牌保护意识

M：喜岳·云庐这个名字有什么含义和故事呢？

Z：仁者喜山，智者乐水，我很喜欢山，我的投资公司也叫喜岳。云庐是曲明起的，庐，是房子的意思，云就是云朵。云庐常年被云朵围绕，旁边有很多山，所以喜岳·云庐这个名字其实很符合环境。

M：如今消费升级了，其实消费者也更注重文化和内涵，请问喜岳·云庐如何加快品牌的发展还有曝光？

Z：我们有很多所谓的内容载体，就是我们刚说的一些农耕体验。前段时间还有新的项目，比如跟着我们客房大姐编麻绳，到了季节会做艾叶粑粑、包汤圆、包粽子。其实很多时候把别的项目引进来，如果跟所在的地方一点关系都没有，这种嫁接是很生硬的。我们开展了很多跟本地文化有相关性的项目，包括画扇子、编绣球、做花生糖……我们提供这些体验，我觉得在当今环境下对非物质文化的传承是很有意义的，能让人知道以前广西男女相亲是抛绣球的，再自己亲自手工做个绣球，感受会很不一样。我们这些活动目前不包含在住宿费里面，但是涨价以后，这些项目都是包含的。

M：您认为喜岳·云庐对中国民宿最大的贡献是什么？

Z：我觉得第一，就是减少了大家对国外品牌的盲目崇拜和盲目的不自信。我认为，我们应该对自己民族品牌保持自信。第二，我觉得喜岳·云庐给很多小业主、精品酒店主带来一个好的示范作用。第三，对老房子的保护作用，让农民们认识到他们手中其实握着一副很好的牌。现在返乡创业的农民们已经看到效益了，开始整修自己的老房子，我觉得这种带动效应不是说用几千万能做到的，而是一种心理上的暗示。他们会反思，为什么云庐这么好？为什么城里人都喜欢住这样的酒店？如何把乡村老房子变废为宝？这对他们和他们孩子的观念冲击力是很大的，会影响到中国的下一代。我认为改变观念很重要。

M：您认为喜岳·云庐对兴坪带来最大的影响是哪一方面？

Z：我最大的感受就是我们能够把本来不该被遗忘的一个旅游点，重新放到了一个旅游板块上，这是我很欣慰的。我们大部分的客人从一开始不知道兴坪是哪里，转变到要来住喜岳·云庐，进而了解兴坪，发现20元人民币景观、九马画山这些知名景点。第二，有很多朋友会问我，为什么广西建筑和徽派建筑的风格是一样的，特别是马头墙、青瓦，广西有没有自己独特的建筑呢？这是我们应该反思的。我想做一些个性化的东西，我用我的资本来尝试，失败了是我的问题。三千漓等项目已经有了个性化的尝试，从千篇一律的审美中脱颖而出是可能的，一旦做成功了是很有效益的。把一个很闷的空气撕破了一个口，新鲜的养分进来以后，水才活起来，才会有更多的投资。现在，广东地区的投资也到兴坪来了，我认为对于云庐的发展，对于兴坪知名度的提升，能起到很好的引流作用。第三，就是刚才讲的保护老房子，让村民重新认识到我们身边的珍宝——老房子的价值。农民开始自发地保护自己的房子，他们虽然在资本上可能不够多，但他们至少有了这个意识，这是很难得的。

熊锡满：品质一直是我很在意的东西

【人物简介】熊锡满，画山云舍创始人。

【坐标方位】桂林阳朔

M: 美宿志
X: 熊锡满

是巧合，也是天意

M：画山云舍项目背后有什么故事吗？

X：完全是个巧合，也可以说是天意。我陪广西一个大咖设计师朋友去参观阳朔兴坪的云庐酒店，去的过程中，导航导错了方向，就这样，仿佛是上帝的指引，阴差阳错地发现了画山云舍现在的这个位置。我一看，不得了，这个海拔 398 米的小山头，它的左侧就是 20 元人民币取景处的山顶。当时我就想，在这个地方搞家酒店会怎样？但我得先送朋友去他要去的地方，就在心里默默地记住了这个位置。把朋友送到云庐后，第二天又自己开车去看。

也许真的是天意，我第二次去是看看还有没有足够的纵深空间可以做我想要做的酒店，结果，除了那一块地，其他地方都是山山水水，很窄小，什么都做不了。说句夸张的话，那么高的地方，你放个凳子就不错了，唯有一块平地留了下来。那块由四块平地拼成的 17 亩地，正好也不是核心保护区，可以出租。落实这一点后，第三天我就去找当地农民签合同。

熊锡满

M：当初，您是怎么思考定位的这个项目？

X：拿到这块土地后，我第一时间就去咨询漓江管理委员会，就是我们常说的漓管委。漓江周边地区的所有项目，都要经过他们的审核才可以动手，光是办手续，前后就用掉近2年的时间。一切都搞明白后，我就全心全意地思考要怎么对得起这块地和这里的风景，一定要做一个顶级的好项目。我一直都认为品质是很重要的，要用工匠精神规划好和用好画山云舍的这个项目。

你看我现在的这个建筑，客房的部分只占了整个建筑面积的30%，其他的位置，我全都用来安置配套的服务设施了。还有，房子我为什么没把它盖得很高，一是因为限高的原因，再就是我追求品质，也没打算这么做。现在画山云舍只完成了一期，大众对画山云舍的评价就是品质非常好。品质一直是我很在意的东西。

山水逍遥

M：画山云舍的设计师是谁？

水色山光

X：画山云舍的整体设计是我自己搞的，我没有请设计师。我过去的生活经历中有过一阵子是做装修的，我有我自己的方案和感觉。我所有的设计，就是用这台电脑做出来的，所以，这台电脑给我省了巨额的设计费。同时也有漓管委的因素在里面，他们希望你做出来的东西，能和当地的民风和谐统一，希望画山云舍能起到一个示范和引领的作用，做到保护性开发利用。

M：保护性开发利用怎么解释？

X：有时候山上的农民为了生活，把原来的原始林木砍了种果树，搞得像剃头一样很难看。我们去了，该保护的保护，该开发的开发，起到了很好的安置示范作用。比如我们山下的那片竹林，可以动；竹林之外就是核心保护区，那里是一点都不能动的。

M：画山云舍这个名字是谁起的？

X：我起的名字。我本来有和团队商量的，他们给我的方案是什么楼呀、阁呀、轩呀，我都不满意。最后，我定下画山云舍这四个字。第一个“画”字取名于漓江九马画山中的画；第二个“山”字，凸显的是桂林的喀斯特地貌；第三个“云”字，展现的是画山云舍398米的标高，在这里，你可以一览漓江，俯瞰云海，品味宽阔明亮的高端体验；最后“舍”字，讲的是我们的房，清一色的四合院设计，象征团圆和完满。我后来反复回味，觉得这个名字非常美，就跑到工商局把“画山云舍”注册保护起来。

M：画山云舍设计“天空之境”场景的初衷是什么？

X：我们中国人一向是山水不分家，画山云舍本身已经有山了，那就要在水上面下功夫。水是很灵动的，但我们在高山之上，要引入水的元素有困难，怎么办？我们就特意设计了一层薄薄的水，只有25CM这么厚，就把水干净灵动的美感带进来了，同时又像在高山之上设置了一块很大的镜子，将蓝天白云映照出来，就更美了。这还只是一期，画山云舍的二期我还要加入无边泳池的元素，把水的文章做好、做足。讲到底，还是和一个人的眼光格局有关，眼光不到，就想不到，或者觉得太贵不值得去做。

上：庭院景致
下：公共空间

M：画山云舍房间的名字有何寓意？

X：我们酒店房间的名字取自庄子的逍遥游。画山自在，云舍逍遥，是我心目中庄子哲学的呈现，我就喜欢做一些和别人不一样的东西。现代人的压力很大，活得很累，我们希望来到画山云舍后，客人能够把山下的欲望功名丢掉，能够静下来，真正地实现心灵上的“逍遥”。每个房间的名字都有寓意，比如“慢尝”，就是希望客人到这里，可以慢慢地喝咖啡，慢慢地品味人生，着什么急呢，要慢慢来。

M：四合院庭院里面的围墙设计理念是什么？

X：这也是自然而然的一个设计，因为云舍周边的风景地方太美了，我住在这里面，一定要看到景色，不能设计得像牢房一样封闭起来，看不到外面的山水景色绝对是一种遗憾。特别是四合院这些空的画框的设计，就是让客人无论从哪个角度看出去，都能看到桂林美的山水，就像透过画框看一样惬意自然，讲的是一种境界和审美。

M：下一步画山云舍的规划和期待是什么？

X：首先把我们画山云舍的服务和内容做好。等项目全部完成后，希望人们提到画山云舍就能想到桂林，提到桂林就能想到画山云舍。

周琼芳：始于梦，忠于爱

【人物简介】周琼芳，阳朔山水谣创始人。

【坐标方位】桂林阳朔

M: 美宿志
Z : 周琼芳

魂牵梦绕的田园梦

M：何种契机让您萌生做民宿的想法？

Z：其实这是源自我小时候的梦想，希望能有一个属于自己的院子，几亩闲田，过着简单而闲适的田园生活。这个梦想一直伴随着我，让我去思考梦想中的田园是什么模样，是像《射雕英雄传》里桃花岛那样的庄园，还是英式的庄园。恋爱了，我会跟男朋友说起我的这个梦想；结婚有了小孩之后，也会跟小孩说。说了很多遍之后，这个想法就成为一个让我强烈地想要去实现的愿望。

40岁通过自主创业有了一定的积蓄后，发现这个梦想已经不再遥不可及，只要我踮起脚尖就能够得着，因此，愈发想实现。45岁之后，我一直在寻找合适的地方。我的初衷是选址在老家永福县，因为在自己的家乡，能喝上清甜的山泉水，能吃到土鸡、冬笋、香菇。

M：您后来为何会定址在兴坪镇渔村村委镰刀湾村？

周琼芳

Z：2016 年 3 月 26 日，张迪老师办了一个民宿沙龙，邀请我参加。沙龙结束后，我跟着张迪老师一行到阳朔参观，入住闲云居。在闲云居的露台，我被 360 度的山水风光所震撼，没想到在桂林还有这么美的地方！第二天闲云居的方总带我们去爬山，刚刚走到螺蛳山脚下，我就看到云雾在山间缭绕，青山在云雾中若隐若现……我被这样的画面所折服，一下子就喜欢上了这个地方。我当时就很激动地问方总，这附近还有没有地？这个地方太美了。方总很热情地告诉我说隔壁就有，我们立即联系了房东。第二周我就带着我的同事来这里察看，大家一来到这里，就立马定下来了。刚开始我们只是定下了 180 平方米的一间房子，后来觉得只是经营这一间，规模有些小，所以就找隔壁的房东谈，把旁边的地给定下来了；为了安置厨房，又把旁边的土坯房谈了下来；为了山水谣以后的发展，我们把门前的地也谈了下来。

山水摇篮中的民宿

M：山水谣这个名字因何而来？

浴室景致

Z：名字是我们的建筑设计师夫妇最先提出来的。他们都是桂林的建筑专家，为了找到更好的设计灵感，我请他们到闲云居体验，体验的同时我就征求他们意见，我们的酒店应该取个什么名字？他们说，住在这里，就像住在山水摇篮里，所以初步定了“山水摇篮”这个名字。我先生觉得四个字有点繁琐，便定下了“山水谣”这个名字。取的是歌谣的“谣”，有着源远流长的寓意。

M：山水谣的建筑设计是如何定位的？

Z：我们的定位是民宿酒店，不适合宫殿式的夸张、奢华，也不适合大玻璃、大开间、大通透的现代建筑的风格，跟桂林周围的山水不太协调。思来想去还是觉得只有桂北民居跟桂林的山水是最协调的，马头墙、青砖、青瓦跟山上石头的颜色很接近。我们在设计屋顶时，做了几重的错落，就像周围连绵起伏的青山一样。

M：设计理念是您这边提供的吗？

Z：跟周围的山水相融，这个是我们首先提出的理念。为筹建这个民宿酒店，我特地去考察了莫干山和东南亚、欧洲的一些民宿，其间我看到过一

上：俯瞰酒店
下：山水中的摇篮

些跟周围景色不太协调的建筑，人在建筑里往外看也许会觉得外面的风景很秀美，但是从室外往里看，会觉得这样的建筑融不进秀美的山色，与周围环境很不协调。我们身在桂林这片山水之中，就要爱这片山水。我们要考虑到周围的自然环境，不能让自己的建筑破坏周围的环境。因此，与建筑周围的山水相融是我们一直以来都在秉承的建筑理念。

M：山水谣让您感到最满意的地方是哪里？

Z：我觉得是山水谣整体呈现的气质。酒店的品质和设计，这是照片反映不出来的。很多人都说，山水谣给人的感觉远比照片传达的感觉要好得多。拿内部的配饰来说，在设计阶段，设计师画了效果图，但是效果图中的一些家具很难找到，我们在采购家具方面费了很多的心思，在细节处、在设计图的基础上都做了创新的改造，实际呈现出来的效果比原设计要出彩。

把山水谣看作一个孩子

M：品牌发展接下来有什么打算呢？

Z：我们做任何事情都是力争上游的，不一定要是行业内的第一名，但一定要居于行业内的前几名，这是我们秉承的信念。因此，我们要有过硬的本事，给客人提供优质的服务就是其中的重点之一。我们一定要立足于产品、立足于自身，要有真本事，因为无论是经营什么行业，都需要有回头客。当时我们做建筑行业，经过三年的积淀，回头客才慢慢多了起来。基于之前的创业经历，我们已经做好了从容应对的准备。我们暂时还没有考虑到品牌的未来发展，目前我们要做的是对山水谣的细节追求到极致，只为给客人打造一个远方的家。

M：请您用一句话或一段话形容山水谣。

Z：山水谣是我的一个孩子，我给它穿什么衣服，戴什么帽子，它就会散发出什么样的气质。不得不说，它现在散发的气质，已经超出了我的预期，

我很欣慰。

M：您对民宿行业未来发展的看法？

Z：民宿作为一种情怀，引无数人竞投资。但很多人可能没有想到，实现理想只是开始，要维护这个灵魂的栖息地，是要付出代价的。这个代价要么是继续投资维护乌托邦般的理想家园，要么就是放下身段，做一个彻头彻尾的酒店经营者，以酒店盈利为目标。我目前还会坚持我的乌托邦情怀，但能走多远，取决于我主营业务的发展前景。

M：您对民宿行业的未来信心如何？

Z：把民宿作为投资盈利的方向，我不看好；把民宿作为接待交友的平台，倒是有意想不到的收获，前提是要有雄厚的资金实力做后盾。也许等我老了，有时间了，会把酒店客人分享给我的人生故事整理成书，一部反映时代背景对个人命运影响的书，也是一件很有意义的事。

林仕建：希望在本区域做到最好

【人物简介】林仕建，阳朔发呆酒店创始人。

【坐标方位】桂林阳朔

M: 美宿志
L : 林仕建

做减法排除

M：中国那么大，当初选址为什么选择云南和广西来考察，这是基于哪方面的思考？

L：中国分为东西南北中五个区域，我喜欢做减法排除。做这个行业，首先要考虑环境与气候，植被要常青茂盛，工厂还要少。东北植物夏天比较好，秋天落叶，冬天冰天雪地，不太符合我的考量，西北也不适合，中部地区也不理想。剩下的慢慢往西南与东南推，江浙一带高手如云，竞争太大，因为我在上海干了十年，对那里比较了解，也不适合，最后剩下的只有云南和广西。

要做好一个项目，选址很关键。当时，我安排一个副总去两个地方考察，一个是云南，一个是广西，看完整个云南之后我发现腾冲不错。考察广西的时候，我先是考察了南宁、钦州、北海、东兴、巴马，后来就到了桂林。我觉得桂林环境好，来阳朔后发现这里更好，我特别喜欢阳朔的山水。

M：您第一次来桂林是哪一年？

林仕建

L：2012年是我首次来桂林。之前我的副总看了很多地块，让我过来选择，我到阳朔后就看中了这里。我初到这里时，只看到一面砖砌的围墙和一个破破烂烂的栅栏铁门，但走进来的瞬间我内心突然有股暖流涌上来，这样的感觉很难得，于是我们就把这个地方拿了下来，着手把原设计方案做了调整。2018年初，我亲自接手管理，我过来干了一年多后项目就有了起色。

M：您当时买下这块地花了多少钱？在您看来，这个价位相对于整个周边是高的还是低的？

L：当时是花了1个多亿。我觉得比别的地方要高一点。

M：拿下这块地的时候，您对这个行业有没有清晰的思考？

L：当时我就想做一个大型的酒店，所以就跟希尔顿那边签合作协议，希尔顿方负责运营管理。最初想做这个项目有两层意思，一是自己可以在这

客房内景

上：广阔的项目空间
下：客房内景

里长年居住，养生养老，二是想在山上做一个国际顶级品牌酒店，提供给中国乃至世界的富豪们隐居，想法比较单纯。

适合自己才是最好的

M：希尔顿有国际的品牌设计师设计，发呆酒店您要亲自操刀来打造，这是出于哪方面考虑？

L：我觉得两百多亩地这么大的地方只做一家大酒店好像不是很合理，就好比一个高级餐馆里只做一桌很特殊、很好吃的菜，还不一定符合每个人的口味。我就想把它分成三部分，希尔顿酒店是一部分，这一块他们怎样设计布局都可以；发呆酒店则由我们公司来设计、使用与管理，以现代民宿风格打造自己的品牌；山上的那一部分，原定希尔顿别墅养生酒店，但我们也可以把它剥离出来。山脚下希尔顿酒店可以接待一些中高端的人数众多的客户，比如说团队入住或者宴请、培训学习；一家人过来休闲隐居的，可以到山上住。根据不同客群可以不同选择，各取所需。

M:您为什么选择与希尔顿合作呢？

L：一九八几年的时候我去上海打工，看到上海延安路上有一栋银白色的高楼，高楼上写的是英文名，我就想它是干什么的。后来知道是希尔顿酒店之后，我就想着什么时候赚了钱能在那里住一个晚上。所以，我对希尔顿品牌有着很深的情结。当时选酒店管理公司，有好几家国际知名酒店品牌要跟我们谈合作，像香格里拉、温德姆、喜来登等等，最终我们还是选择了希尔顿品牌。

M：为什么起名叫发呆酒店呢？

L：我在2018年注册了阳朔发呆酒店管理有限公司。关于取名字，我有四个要求：一是好说，二是好记，三是好写，四是有内涵。“发呆”这两个字随口就能说出来，而且并不是通常意义上的发呆，它的含义是在环境优美的地方，让身心轻松，心灵净化，静静地发呆。发呆悟性出灵感，也是一种思考。取名字很关键，有的酒店取很怪的名字，我觉得没必要。我觉得不管取名字还是做什么事，首先要适合自己，适合自己才是最好的。

M：发呆酒店的logo设计背后有什么故事？

L：当时设计了很多logo我都不太满意。后来我提了一个建议，是不是可以设计一个打坐的人形，大家就顺着初步的logo设计思路讨论，不断修改调整，最后，一个很可爱的发呆小沙弥的logo就设计出来了。

做本区域最好

M：您这个地方已经有两个部分，山顶准备开发的那一部分您未来有打算和其他一些国际品牌合作吗？能否简单阐释一下您希望合作的模式和理念？

L：我觉得阳朔这个地方的山水风格适合民宿，安缦酒店的品牌我很认可，它的品牌知名度很高，和阳朔周边的风格也很融合。

M：您希望未来这个地方在桂林文旅板块或者说在酒店行业中达到一个什么样的地位或者状态？

L：我们项目空间很大，有三座山，有河、有水库、有山景，河对面有几百亩菜园地，政府计划打造农业生态园和人行栈道，河边有三米宽的步行观光道，还有龙潭这边的自然、人文风光。我希望能在本区域做到最好。

老老夏：用物化的民宿，创建一种生活哲学

【人物简介】老老夏，慢点艺术民宿创始人。

【坐标方位】北海涠洲岛

M: 美宿志
L : 老老夏

它更像一个文化品牌

M：在您眼中，慢点艺术民宿和别家有什么不同？

L：我的答案或许有些狂妄了。我认为，世间绝大多数民宿都是迎合消费者的，比如让消费者觉得尊贵、舒适、有品，但慢点不是。从某种意义上讲，慢点是从让客人产生不适感开始设计的。慢点所有场景里的物品、动线、氛围与故事，都在塑造同一个主题，那就是慢点这两个字，以及它后面隐藏着的三个人生之问：我为什么要慢下来？我怎么样慢下来？我慢下来做什么？在我个人看来，它不是一个民宿品牌，更像一个文化品牌。

M：太深沉的主题，会不会破坏消费者度假的轻松氛围？

L：完全不会。因为慢点是通过良好的体验感，润物细无声式传播的。浅层面，让你感受到宁静、平和及缓慢生活的优雅；深层次，引你感悟到我们想要传递给你的慢点生活哲学。我举个例子：人生要真正慢下来，前提是

老老夏

先要感知到自己人生的边界；知止不辱，就得先学会低头，而不是狂妄地想着“我要我要”，那么如何用场景传递出这样一种理念呢？

我把慢点的入口设计成了一个桃花源式的山洞，从口入，溯溪行，蜿蜒数十步，豁然开朗。当客人从外面进来，洞外是车水马龙兵荒马乱，洞内是鸟语花香仙人游走，小小洞天内外，转折两重天地。这个设计的最精彩之处就在于，在豁然开朗之前，我把花洞剪得较低，当人进入，会不自觉低头。一低头后，世界就开朗了。这个“低头”，实际上是一种形而上的暗示，喻示了知止的人生智慧。当然，一切尽在不言中，我们是没有文字提示说教的。意识影响形态，所以我设计了这个场景；但形态一样反过来影响意识，就有了客人内心生出的人生感悟。这样民宿与客人之间深层次的交流就达成了。

M：这应该就是您创立慢点这个品牌的初衷了吧？

L：是的。时间、速度、效率，这新时代的三座大山，这快世道，快把人逼疯了压垮了。我决然转身去做民宿，就是在叛逃前半生的坚持或者奋斗。我的民宿，就是纪念我叛逃的实证。

M：慢点的品牌理念是什么？

L：慢点的品牌理念就是五个字“身走为心停”。一生的兜兜转转，就为这内心的淡定与从容。

M：听说这五个字，是出自您30岁生日时作的诗？

L：是的。2010年我注册了慢点商标，并以“身走为心停”为品牌理念，去探寻慢点生活美学，构筑现代人心里的桃花源。“身走为心停”这五个字，不考量哲学上的深沉意思，通俗一点讲，就是“世间所有努力，都是为了慢点”这就是我们慢点的指导思想。

枯荣之间，人生慢点

M：从超大城市武汉跑到南海孤岛涠洲岛来创办您的第一家民宿，一定有很多难忘的事情吧？

L：人生的得失，其实只在选择。促成这种转变的是一些在当地遇到的很小的事情，比如第一件特别难忘的事情就是，初上岛施工时，竟然在涠洲岛上买不到锁！这是很让人震惊的，也是21世纪城市人难以相信的。夜不闭户，路不拾遗啊，这是一种多么美好的人与人之间的氛围！这件事也直接影响了我们慢点的管理风格。比如我们开业三年，客人离店，从没查过房，充分信任客人。以此出发，我们也和很多客人建立了一种可贵的长期信赖。第二件特别震撼甚至改写世界观的事情，就是对“三天打鱼两天晒网”有了新解。以前在陆上，这是贬义词；到了岛上发现，这才是可持续的健康生活，打三天渔，身心都累了，网也坏了，都需要修补。

M：您一定把这种感受设计进了您的民宿吧？能说说慢点的设计特色有哪些？

L：慢点设计的最大特色就是四个字：海、禅、花、院。煮海禅思，花树眠月，一房一院，矮院和风。——不这样不足以记录这种美好。海，顾名思义，就

中庭景致

是开门见海，枕着海潮声入梦，客人会不会担心梦被浸湿呢？要的就是这个效果。所以我们整个店的设计是由一条面朝大海的景观中轴，串起了海滩区、林荫区、内院区三重院落的布局。再加上20个房都是一房一院设计，所以慢点又有“海滩度假二十四院，二十四小时待在海边”的说法。

我个人觉得慢点设计的超级精髓就是一房一院的这个处理，常人往往忽略了。院和院之间，疏疏密密，隔而不断，东院茶叙，西院情语，北院天伦，交织在一起有几分惠风和畅，兰亭雅集的古风意韵。而所有院子，都在花树底下，面朝大海，春暖花开，你在，我也在，多好！

M：这么美的情景得触动多少诗情啊，难怪您会写出“相忘江海间，来去皆是闲；没有梅花嗅，敢问浮尘远”这样的禅诗。

L：哈哈，慢点院子里和房间里那六十吨来自南京的白石子，就算运不来六朝古都的江南气韵，也总能沾染了几分从容婉约的中国美学情结吧？枯山水的中庭布景，左右是一枯一荣的禅意境设计，小院分布四周，其实就是一个方八卦的阴阳分合局。聊发些“枯荣之间，人生慢点”之叹，应该趁景。

开店的三年间，也确实引发了不少客人朋友的人生之思。比如2017年就曾有一个一线城市汇丰银行的副行长，入住慢点九晚十天后，竟奔赴千里之外，跑到我的老家去找我喝茶聊了一下午的天，要合作。我非常清楚地记得他说的开场白：“我快四十了，但我仿佛看得到四十到六十之间的生活，感觉没活头！”后来我知道，他真的作出了取舍，毅然辞职，开始跟随兴趣做研学，追寻他的第二人生。我们两家现在正展开合作，互为生态。我挺为他欣慰的！我想，他应该已经找到心停之所在了吧。

自由生活才是人间理想

M：能介绍一下慢点在岛上的另外两家店吗？

L：岛上这三家店，其实是三个不同的产品线。我信奉道家思想，见素抱朴，所以第一个产品线就是抱朴，是朴院系，是往传统人文情结里走的，重点在于出世，就是一号店慢点·海禅院，涠洲岛滴水村夕阳海滩店；第二个产品

上：听涛饮茶
下：客房内景

线是见素，是素舍系，是现代的舒适的，也是入世的尘世之花，就是三号店慢点·侘寂之海，涠洲岛北港村自然保护区店；第三个产品线，其实我们内部叫作二号店，叫慢点·不涧，是一个藏在村落里的艺术村，艺术创作部落，它隐藏了慢点曾经在文创这个领域内的野心。不过，这都已经成了故事了。

陈炜：做一个生活美学度假区

【人物简介】陈炜，水印书院总经理。

【坐标方位】桂林

M: 美宿志
C: 陈　炜

在审美中觉悟

M：“水印”一词会给人很多联想，可否介绍一下水印书院名字的来源与意义内涵？

C：“水印”一词最早应该是中国独有的木刻印刷技术的一个名词，它和中国山水画一样，和水墨有很深的渊源，因为它用水而不是油去调和墨做颜料，用国画的载体宣纸承印，而且木刻水印技术最早就是用来印制古代文人作诗用的诗笺。你看，中国传统、山水、诗意都在水印这个词里了。中国山水还有一种神奇的魔力，在山水自然环抱之间，很多人都会呈现出很本真的一种状态，把在城市里、凡俗中不轻易显露的内在展现出来，所以我们的slogan叫作“回到我”，在水印书院很容易回到“本我”“真我”甚至去探索“超我”。水印书院想做的事情，就是一些美好的人，聚在一个美好的地方，做一些美好的事情。

M：书院在中国有很悠久辉煌的历史，水印书院以书院命名，您觉得其

陈炜

内在与古代中国的书院有什么相通、继承的地方？又有哪些新的内容呈现给大家？

C：书院在古代承载的功能其实是很清晰的：官方成立的书院机构负责整理典籍，民间书院则以治学为主——“传道、授业、解惑”，厉害的民间书院还会成言著述。但除此之外，书院还有一个重要功能，就是提供一个地方让有共同兴趣爱好的文人雅士们聚集在一起，所谓“雅集”。水印书院想做的事，其实就是聚焦传统书院的“雅集”功能，把一些有意思的人，不管是文人大家、艺术家，还是普通但对生活方式、生活美学有追求的人汇聚到一起。雅集其实不一定要留下什么结论性的东西，有共同信念价值观和美学追求的人聚集在一块，哪怕只是聊聊天，都是最放松的美好状态。现代人太紧绷、太焦虑，其实只要打开心扉交流，这种真实沟通就极其难得。

水印书院成立后，我接待的大师挺多。这类人群他们的人生观点、看事物的角度和平常人不太一样，对一些社会现象的观察角度和观点也不太一样。其实改革开放 40 年，真正推动中国向前发展的中坚力量也是这么一群人，他们不是理论家也不是经济学家，他们是实打实地干出来的。每一家企业的创业历程都是一部史诗，他们怎么样从一家小的企业开始做到现在很大的规模，甚至是行业里面的独角兽、领军人物，肯定有很多精彩的故事，放在大时代背景里，你会发现这和推动中国前行的内在精神有很多一脉相承的地方。从他们的故事里面去印证和诠释这个时代的变化，这是一个很有意思的角度。

北岛书房

他们现阶段其实大多脱离了单一的财富追逐，很多人开始有意无意地往生命更高层次的自我实现去做更多探索，让自己或这个世界更美好。

这就是水印书院想做的事，把一些美好的人聚在一个美好的地方，推动这些力量去做一些让世界变美好的事，这是我们对水印书院功能的定义。

M：水印书院开设插花、茶道、禅修、太极等生活美学课程的初衷是什么？

C：从历史观察者的角度来回看漓江这样的河流，你会发现很多有意思的东西。河流在整个人类的文明中都扮演着很重要的角色，你看世界上最富饶的地方，都是在河流转弯的地域——所谓的湾区，因为湾区沉积的土地是最富饶的。人类在河流边的湾区开始种植各种作物，然后慢慢地河运发展，人口聚集，商业、城市才出现。文明得以延续和发展，河流在人类历史上是起到很重要的作用的。但当现代的种植业、铁路运输和航空运输出现后，人们不再那么依赖河流，这些功能消失之后，河流对于人的意义是什么呢？有什么用呢？

你看，现代人 99.9% 的时间都花在思考什么更“有用”上面。一切似乎都以功利化作为导向，一切似乎都可以用经济学去衡量，我们已经被训练成哪怕我看一本书，看一部电影，跟一个人聊天，好像都要找到对自己有用的东西。“美”其实是无用的东西，你摘这束花它有什么用呢？一杯茶你能品味出它不同的滋味有什么用吗？没有什么用的。但我们现在太多的问题，就是一切从“有用”的角度去出发，这让生活变得功利而无味。

左：书房景致
右：山水中的SPA

水印书院的美学课程，也许能帮助你回归内心。当你学会把功能性和金融属性去掉，不把所有的东西都带着标签和价格去评判后，可以用自己的内心去发现和面对更多美的事物。在我们的生活、生命里，美其实无所不在，只要你有能力看到它，你就会获得巨大的乐趣和能量。

水印书院的主人是大自然

M：水印书院推崇“合乎自然，合乎理想”的价值观和理念，倡导山水美学，为客户提供自然、健康、诗意的生活，具体是怎么体现的呢？“诗意的栖居”背后又有什么深层的含义？

C：诗意的栖居其实源于海德格尔，“世界充满劳绩，人，诗意地栖居于大地之上”，这是他所憧憬、描绘的人类最理想的生存状态。诗人是这样看世界的，但为什么现在人们丢失掉了这种诗意的状态？现在诗人甚至似乎成了一个被嘲笑的职业，这很可怕。当一个国家和它的人民不尊重诗人的时候，不尊重那些创造浪漫和诗意的人的时候，是可怕的。

水印书院就在山水之间，星空下漓江畔。水印书院的主人是大自然，并不是我们，我们都是来这里做客的。怎么去和自然这个主人沟通交流，和自然做连接？每个人的童年都是相似的，都会和天空、星空、山川、大地、河流、草地等有天然的连接，但为什么到后来长大成人后就被切断了呢？难道只是久居城市的原因吗？肯定不是的。

桂林山水被低估了，我们把山水圈起来做个景区卖个门票，再弄点少数民族的东西在里面，这是没有太大意义的，至少我们把桂林山水最强的功能——“山水中得宁静”给丢掉了。来到水印书院的人，在面对山水时最常见的一个状态就是“发呆”，发呆说明你开始静下来，开始感受到山水的能量，你和自然恢复连接了，你潜藏在内心深处的一些情绪苏醒了，这种感受是很珍贵的。

M：水印书院的经营情况如何？选择这里的客人有什么特点？

C：我们目前最主要的客户群体还是来自全国各地的高净值人群，这跟我们常连接的圈层和企业家组织，和我们会员的成员构成有很大关系，因为水印书院的创始人樊先生是多个中国企业家组织的成员，水印书院的创始会员更是一批来自全国各地的精英企业家。水印书院的理事长是北京长安俱乐部的总裁赵先生，是中国最早做高端圈层资源整合的人。他们和私营企业家圈层连接很多，这些来自全国各地人群的高端聚会、度假、商务活动的选择也自然落在水印。

相比很多酒店，我们具备非常独特的优势资源。但现阶段我们在推广上其实是很节制的，除了我们的会员和高端客户对酒店私密性的特别要求外，我们还有点担心巨大的流量来了之后，整个服务体系跟不上，让客户体验感变差。水印一个很重要的特点就是“私人定制”。高端人群更相信圈层口碑的传播，你做好了，他们自然会去传播和带客人来。

如果你用传统酒店的标准来衡量水印，那肯定是格格不入的。千店一面那是传统酒店的做法，而我们不是在做传统酒店，我们是在做一个生活美学度假区。

方全兴：旅游的最高价值是自由

【人物简介】方全兴，阳朔兴坪闲云居度假酒店创始人。

【坐标方位】桂林阳朔

M: 美宿志
F: 方全兴

佛系山水需要深度挖掘

M：客观分析，相比全国其他旅游地区，桂林为什么没有做大，您认为真正的原因在哪里？

F：改革开放之后经济发展，越来越多的城市在经济总量、生活水平等层面已经超过桂林，应运而生的就是国内旅游的兴起，出境游发展起来了，能不能做大就看城市的经济够不够繁荣。体制上，当时桂林还是那几家国营老社，但是其他地区发展很迅速，再加上桂林整个城市经济的不发达，这个性质就决定赚不了大钱。桂林这方面只在终端，之前入境游的时候是供大于求，但是到后面就不行了。桂林经济不发达，没有其他东西可做，几十年就是走那几个景点，怎么能够发展起来？没有资金，旅游人怎么投资？所以跟桂林的整个经济发展有很大关系。

M：桂林城市旅游好像已经走到一个胡同里去了，那么好的一个品牌现在渐渐失去了一些核心东西。您对现在桂林城市旅游的发展有什么看法？

方全兴

F：桂林旅游现在是一个很尴尬，一直走下坡路的状况。现在大部分客人实际上是直接到阳朔，桂林市区要思考这个问题，必须要改变这个现状。桂林的城市旅游怎么做？我觉得切入点是寻找故事，重新进行主题式包装，所以需要桂林特色的文创产品。

除此之外，我们还可以挖掘城市街道的文化。城市旅游就是感受城市风情、城市文化，体验市井的生活。漓江是我们整个桂林的母亲河之所在，一定要研究漓江的美。如果我们不能把山水的内在美、精神美讲出来，只看到表面上的美，那么看过其他地区山水的人有很多理由说桂林不是山水甲天下。把桂林山水的内在美讲述出来，人们就不得不承认桂林山水甲天下名副其实。

除了可以感受它的意境美，其实我们还有一种适合年轻人的激情玩法——在漓江中玩出青春。怎样把激情和青春展示出来，是我们下一步准备要做的，要让年轻人的青春活力在山水中激荡。中老年人需要寻找佛系山水，但年轻人是未来，年轻人喜欢的是一种户外的激情。我们有攀岩，在山水中可以玩皮划艇，能探洞等等，我们可以按照这个思路挖掘出很多东西。

M：桂林的旅游如何重振雄风是很多人都在思考的。您觉得桂林旅游应该往哪走？

F：我们桂林旅游当然可以重振雄风。第一个，桂林的自然条件、旅游资源放到全国，确实是山水甲天下。第二个，桂林的旅游不同于那些只有历史古迹的城市，是人们来了想再来的一个地方，因为它是“佛系山水”。我们要意识到这个，未来生活越来越紧张，更需要我们去分析人们会来桂林那么多次的原因，其实就是因为留恋，最纯净的那片山水让他们心安。

我们的祖先给桂林留下很多的风景文化，我们可以去挖掘历朝历代给桂林留下来的文化底蕴，桂林有很多的故事可以讲出来。古代文人是很风雅的，如何把酒文化、老故事等和风景区结合起来？我们在不同环境下营造什么样的氛围？都可以思考。我最近也在思考如何让旅游从文化上来实现价值。需要我们旅游人和各行各业静下来思考旅游、文化、体育如何结合，然后让旅游回归到旅游本身。旅游本身是什么？我们到了新环境希望去了解那个地方，去了解那个地方的故事和生活，了解那个地方的人文风俗。原来只是局限于一种视觉上的到此一游，我们是否能够给他更多的真实？借用风景和故事，眼界不要太窄，仅仅放在山水画和山水诗上是不够的，我们要把它放在整个中国文化的美的感受里面去想。

自在感受山水之美

M：作为创始人，最开始为品牌起名字的时候，一定蕴涵着内心的一种情结或是向往。闲云居是您出于哪方面考虑想的名字？

F：闲云，就是闲云野鹤的意思，旅游的最高价值是自由，人们追寻的精神享受是自由，旅行也是如此。把闲云作为名字，实际上是跟我自己的性情有关系，我喜欢在山水间像闲云野鹤一样自由自在地感受山水之美，也希望更多人都成为闲云野鹤。

我们的民宿和旅游体验，如果能够让别人达到从知识到精神的享受，价值就会很高。我一直在强调我们做旅游的人、做民宿的人一定要明白我们拥有的是一片什么样的山水。我们的短板之一是民宿人不是都有这个意识，那么政府可以去帮他们做这个事情，开发出文创产品。

M：未来的乡村振兴和乡村民宿会迎来一个怎样的发展机遇？应该怎样走？

F：机遇看国家的发展方向。国家重视乡村旅游，我们对土地感情深厚，乡村寄托着我们的感情，中国人是有乡愁概念的，所以乡村旅游大有可为，这方面就有机遇。不过，我们做乡村旅游、乡村民宿，会有不少问题。第一是交通不方便，第二是跟当地人打交道。因为相对来讲，乡村人既有朴实的一面，但部分人也缺少现代社会的一种契约精神。乡村人有自己打交道的一种文化和习惯，外来人并不了解，所以这方面也是一个挑战。

桂林山水有它的独特性，不用你去做更多的东西。所以我们做桂林乡村旅游就一定得注意，不能只有风景，没有生活，我们桂林山水最美的是山水间有生活。

在乡村的发展中，民宿能做什么呢？我现在就是把重点放在年轻人的身上，我告诉年轻人们必须组成一个团队，你必须通过你的服务去感动客人；你必须有创意，你把你们平常小时候的玩法、吃法拿出来，然后保质保量地让客人去体验这些东西，这就很吸引人；你要去学会视频的拍摄，把乡村田间体验做出来，学会视频转播、直播，来卖你的产品，这样就会有规矩、有规则、有服务。现在有的这些田园生活内容是他们的无价之宝，他们懂得怎样在发展中去保护现有的，用来吸引城市人进入乡村。

如果乡村有大资本进来的时候，改变的不仅是乡村的面貌，很多当地特色化的东西就没有意义了。如果不注意这方面，资本绝对是破坏。

阳台景观

自在感受山水之美

彭丽云：这个世界唯一不变的是“变”

【人物简介】彭丽云，云智慧品牌创始人。

【坐标方位】桂林龙胜

M: 美宿志
P: 彭丽云

机缘、顺势、传播

M：您能阐述一下云智慧这个品牌的含义吗？

P：其实“云”是最大容量和最大变化、最无形的一个东西，用语言来解释就是，我们人类的智慧发展到今天博大的包容性。我们都知道云的变化是最大的，所以我觉得取名为“云智慧”，正好解释了这个世界唯一不变的是“变”，是“云”。

M：从龙胜的云智慧木泉精品养生酒店到阳朔的云智慧养生精品民宿，您能否与我们分享一下您对于精品民宿与精品酒店的不同理解？

P：这个是有区别的。精品酒店它还是一个酒店，精品酒店的发展阶段是从五星级酒店到客栈再到精品酒店，我们通常认为客栈是一个比较低端、更接人气的一种定位，其实是因为客栈的价格会相对便宜一些。在我们的印象里面，“精品”它代表了品质，但它还是酒店的模式，只是把配套、环境、

彭丽云

服务做得更精致一些，品质更好一些的酒店。精品民宿，其实重点解释在民宿，顾名思义它是跟老百姓的生活、当地的生活习性是有关系的。客栈它也可以叫民宿，加了“精品”以后，它又不一样了，因为它是有品味、有品质的。

旧县村落的梦想田园生活

M：如果说一个民宿就是一种生活状态，那么位于旧县的泊艾主要是呈现一种怎样的生活状态呢？

P：其实泊艾的生活状态，首先是房子的一个传承，泊艾本身就是阳朔古旧县城的一个遗址。旧县村有1000多年的历史，出了很多历史名人，有历史沉淀，这是传承。它现在所呈现的状态，使阳朔特别有感觉，我自己想要去做个民宿，在当时选了旧县，觉得特别适合我。它有文化传承，这个是很重要的。

M：您认为梦想中的田园生活是什么样子的？

人在景中

P：就是目前的生活。早上起来我会提个篮子在田园里面转一圈，有时一大片田野很漂亮，能够闻到沁人心脾的香味，还能够看到最美的景色。时不时会有许多白鹭和各种各样的鸟儿，声音很好听。我院子里面的草都是在田埂上面走时捡回来种的。能感受到这种田园生活，无人干扰，是很惬意的，我认为这是一种梦想的田园生活，是我们现代社会人所梦想的生活。

康养产业，理想生活

M：这两个项目的选址、品牌理念、运营管理模式分别是怎样的呢？

P：这个有些误打误撞。刚开始的时候住酒店是我的一个爱好，我没有打算把酒店做成什么样，是自己想要这种生活，自己享受这种生活。但是要维持它，就必须要做成一个模式，要不然就只能是投钱。现在我把它做成经营，有收入了，我就觉得更有意思，包括跟着我一起做事的人，他们也有钱赚了，这也恰巧吻合了投资民宿的一个理念。很多人投资民宿，其实是想要一种美好的生活，但是赚不到钱的时候会有压力，对我来说，没有这种压力，我真的就是喜欢这种生活。

M：什么时候开始有做养生酒店的想法？

P：2013 年改造了木泉之后就开始做养生酒店，木泉本身就适合做养生酒店，然后 2017 年开始在阳朔做泊艾。本来泊艾这个地方是准备拿来做一个项目办公室的，后来项目取消了，但是房子已经租下来了，那我就想我们自己也可以打造一个小民宿。做好以后也觉得挺好的，因为阳朔毕竟是桂林的大 IP，在阳朔有一个点，也相当于我们在阳朔有了一面自己的小旗帜。

文化痕迹，沉淀的力量

M：住宿行业到底该如何准确地结合文化发展？

P：说到“文化”这两个字，有一个解释，就是人类走过留下有痕迹的、有记载的那些东西就是文化。当时某非物质文化遗产杂志的负责人跟我们一起讨论过什么叫作“文化”，我们在田园里面走，他说你看那个农民插田的时候走来走去，留下的痕迹就是文化。我们现代人，总觉得文化就是那些虚无的东西，其实不是。“文化”应该是我们踏踏实实地走过的路，留下的有价值的这些东西。

M：您认为什么样的文化是有价值的？

P：不是我们所有走过的路都是有价值的，一定是对社会发展产生了影响力的那些痕迹，才能称为文化。做文化总要落地的，不落地痕迹怎么来，喊几句口号就是文化了吗？不是的。真正要去谈文化的话，是要实实在在把它做出来，然后再提炼。

M：您对自媒体平台民宿推广有何建议？

P：其实民宿它更适合在自媒体上面推广，因为自媒体它可以做到个性的定位，像携程平台，要求我们设备、价钱都是标配。这样的一个大平台是标配，不是说它不好，但是它可能就没有办法表现我们民宿的这种特色。自媒体呢，我认为它应该是我们民宿推广的最好的表达方式，但一定要做到坚守。

独善其身也是兼济天下

M：这次疫情发生，您最大的感受是什么？

P：疫情期间，我们一直在思考，把自己的优势和核心资源都梳理了一遍。云智慧的定位是做养生精品民宿，旨在让客人“一次度假体验，带走养生观念，开启健康人生”，但是如何让客人体验到酒店的养生理念呢？匆匆入住的客人如何开启健康人生呢？这么多年，我们在坚持传递健康的生活方式，精心设计了很多的体验项目，但是客人是否体验到我们酒店的养生文化呢？是否有认同感呢？答案是模糊的，于是我们开始思考如何让客人有更多的时

温泉

间来了解和体验酒店的养生度假方式。这次疫情停业，我们做了一个大胆的决定，让客人提前花一年的钱，购买未来五年的度假消费，这样我们就有了五年的时间让客人持续体验我们的养生度假。我们有华南第一水质的温泉，有国家原始森林公园的养生环境，再加上以我自己总结的养生八字诀“喝、泡、推、灸、食、行、息、禅”为指导的养生服务模式，这样就能让客人慢慢地体验到我们提倡的一种养生度假的方式。云智慧多年积累的客户群，都

是先富先知对养生很重视的人群，再加上这次疫情让大家更加意识到健康才是第一生产力，所以我们决定推出一个5000元消费五年的养生度假会员卡，在客户和朋友圈里限量订购，结果不到两天就被抢完。于是我们又在会员卡的基础上推出了一个两晚的度假养生卡，结果在七天内就抢购一空。由于推出这两张卡，我基本完成了全年的销售，接下来只要做好服务就行了。总结这次预售的成功原因：一是改变了思路。二是这么多年坚持做对的事情。三是抓住了疫情这个机会。回顾这次疫情，我自己不仅没有损失，反而收获很大。事实证明任何一次危机都是机会。

邓捷胜：牧心者牧天下

【人物简介】邓捷胜，广西友柏酒店投资管理有限公司、广西美钻旅居养生文化传播有限公司、湖南新宁指尖地产、桂林中琳置业有限公司、桂林龙猫广告有限公司董事长。

【坐标方位】桂林平乐

M: 美宿志
D: 邓捷胜

康养旅游黄金时代的来临

M：您在房地产营销行业已经驰骋多年，是什么样的原因促使您来做清华别院的项目呢？

D：这个跟我去年的经历有很大关系。去年我们团队到东三省、内蒙古、京津冀等城市开展工作。作为一个南方人，我发现北方的气候、空气质量和水资源与桂林相差甚远，这让我非常不适应。例如我到河北邯郸的时候，特别查询了 PM2.5 全国空气质量排名榜，我们桂林的空气质量全国排名第 2 位，而邯郸空气质量全国排名第 278 位，是全国倒数第 7 名，天气预报建议出门要戴口罩，不适合做户外运动。去黑龙江大庆的时候，我发现当地的饮用水质量很差，很多人都患有结石病，家家户户都要安装净水器。在天津的时候，我的一个客户刚从广西巴马度假回来 3 天，咽喉炎的老毛病就又犯了。这些在北方城市的所见所闻，让我觉得我们桂林的生活环境非常好，我们桂林人民特别幸福，更让我觉得桂林是非常适合发展康养产业的！

邓捷胜

M：您认为桂林除了环境的优越性，还有哪些吸引人的地方？

D：桂林除了环境优越外，还有2000多年的文化底蕴，而文化是最吸引人的！除了景观、环境、文化，桂林还有很多其他的优势，首先，桂林有区位优势，它是“一带一路”在内陆城市的连接点，也是连接七省的铁路枢纽。桂林有两条高铁线，与南宁、长沙、贵阳，广州、深圳、香港形成了三小时经济圈。其次，桂林有交通优势，两江国际机场有75条航线，可直接通达105个城市。我从4000公里外的内蒙古呼伦贝尔回来，早上9点钟坐飞机，中午在北京转机，晚上9点半就到了桂林。交通便利对桂林来说，是一个非常好的发展契机。第三，桂林有品牌优势，已有成熟的旅游IP。即使是未曾来过桂林的人也知道“桂林山水甲天下”，这些都是桂林吸引人的地方。

交通缩短了空间距离，也引起人们的思想转变。人没必要一辈子居住在一个地方，应该有追求幸福生活的权利。目前很多人都对桂林十分向往，桂林环境好，生活节奏慢，消费低，人们愿意来桂林投资置业、养生养老、旅居度假。目前中国已经进入老龄化社会，有很多活力老人在能跑动的时候，想去外面多看看，就像我的父亲，去年就去了3个地方旅游。再者，随着生活水平的日益提高，人们对健康养生、度假旅游的需求越来越大，并出现了多元化发展的趋势。而康养旅游作为新的旅游形态正在悄然兴起，在中国人口老龄化及“大健康”的背景下，康养旅游必将成为一种新的趋势和时尚。

山水间的清华别院

未来若干年将是中国康养旅游产品的黄金时代！

M：您能和我们分享一下您创办清华别院的历程吗？

D：国家提出了《关于促进健康旅游发展的指导意见》《“健康中国2030”规划纲要》，对“大健康＋旅游”有非常大的政策支持。像万科、恒大这些地产公司都在向康养地产、旅居地产进军，康养旅游是未来的发展趋势。再加上去年我个人的一些经历，更加坚定了我创办清华别院的决心。

2019年一个偶然的机会，我接触了阳光100·黄牛头别墅区项目，当看到这一片山水的时候，我立马深深地爱上了它。黄牛头村历史悠久，民风淳朴，最后一公里漓江汇流于此。这里山清水秀，鸟语花香，周边千亩山林，瓜果飘香，是一片生态环境极好的富氧之地，25栋桂北民居风格的别墅隐于山水之间，正应了陶渊明那句“结庐在人境，而无车马喧”！我相信这正是我们大部分中国人的精神追求，这片不可复制的山水资源，这片不可替代的临江别墅区，不就是最好的康养旅居基地吗？不就是我们公司未来想要发展的事业吗？于是，我们几个股东经过商议，决定将这片别墅区买下来，进军康养旅游产业，这就是我们公司未来的战略发展规划。

上：林间小路
下：阳台景观

回归自然去“牧心”

M：您觉得平乐这个地方有什么独特之处吸引您来投资清华别院呢？

D：我做清华别院这个项目，很多人也会劝我，平乐这里既偏僻又没有名气，你为什么要去做？我说很简单，我看到了这片山水的价值、看到了区位的价值。我们要把眼光放长远一点，把目标市场放大到全国。作为房地产营销策划人，我们要怎样找到一个点去打动消费者呢？其实可以有很多种方式，例如社群和圈层营销。

有一个楼盘叫阿那亚，在业界非常有名，他们是玩社群营销的高手。整个社区有 300 多个社群，一年组织 1500 多场活动，都是由业主们自发去组织的，通过社群营销，从而带动楼盘销售。我们清华别院也可以这样玩，一群有共同爱好的人，来这里调养身体、修身养性、结伴旅行、结交朋友，用社群活动去吸引更多的人参与进来。用房地产的营销思维来做酒店营销，这就是跨界思维！

M：清华别院的名字、logo，还有“心安处，是吾乡”的 slogan，都能够体现出您的情怀。您希望您的顾客来这里，能体会到怎样特别的感受呢？

D：《资治通鉴》里有一句话“牧心者，牧天下”，就是说我们每个人都需要去管理好自己的内心，调整好心情，从而达到身心健康的目的。我们需要远离都市的喧嚣，回归自然，找到一片心灵的净土去“牧心”。传统的中国人，骨子里都喜欢“采菊东篱下，悠然见南山”的生活状态，有一种追求院子的梦想，而我们清华别院就是满足客户这种情怀、让人心安的地方。在清华别院，最有价值的东西是原汁原味的自然环境。

未来构想

M：如果面向全国市场的话，这 25 栋别墅可能不够，您对清华别院的未来构想是什么样？会扩大规模吗？

D：我去年考察了北京的一家候鸟旅居公司，他们在全国有80家康养旅居基地，可以把客户带到全国的基地，这一点我要向他们学习。清华别院是我们在平乐的第一个项目，下一步我会继续在猫儿山、兴坪、大圩这些著名的漓江沿岸风景区打造更多的康养旅居基地。我们的愿景就是——打造全球高端康养旅游品牌，将桂林山水之美、将漓江健康养生文化传播到全世界！

M：从山水景致到政府政策，您是否认为清华别院凑齐了“天时、地利、人和”？

D：我觉得“人和”这一点讲得特别好。“和”字，左边一个“禾”，右边一个“口”，就是有粮大家一起吃，有好事大家一起分享。中国文化，精髓在于“和”，“天时不如地利，地利不如人和”。在振兴乡村经济的战略大背景下，在大力发展全域旅游的背景下，能为振兴乡村经济做出贡献，能带动当地村民一起发展，是一件非常有意义、非常有价值的事情。

M：平乐当地有它独具特色的地方文化，您是否考量过要用某种方式把当地文化融入您的产业里？

D：乡村旅游首先是一种“和”文化，当地的民风民俗、美食特产、古建筑、古树木本身就带有很深的文化烙印，带人们深度探究当地的历史变迁、人文景致，和当地人多交流，才能更多地了解当地文化。以后我们会开发更多清华别院周边深度游线路，让人们深入了解当地文化。我认为，人与人之间需要这种深度的沟通和交流。

叶子：因为热爱，所以坚持

【人物简介】叶子，阳朔霁云上院度假酒店创始人。

【坐标方位】桂林阳朔

M: 美宿志
Y: 叶　子

文化是最强的战斗力

M：听您的朋友们说，霁云上院是叶子把情怀玩大了的作品？

Y：对。做民宿之前我在体制内工作，现在民宿也不是我的主业。我的作风，要做就力争做最好，既然情怀任性地玩大了，有了霁云上院，那就分享胜于独享吧，但愿能容纳所有奔波在路上忙碌而浮躁的心。霁云上院一直在努力做好自己，一直在向酒店标准化学习，不仅有超五星级配置，同时又具有民宿温度，是一家具有在地文化特色和体验感的民宿。

M：当初为什么选择壮族文化作为企业文化呢？

Y：文化是一个民族的标志，是民族的重要特征。文化具有重要的作用：一、文化凝聚人心；二、文化传递能量；三、文化诠释责任；四、文化助力经营。我们要打造企业文化，首先要认知企业文化，以文化的力量成就行业标杆。壮族是一个拥有悠久历史和灿烂文化的民族，将壮族文化以一种新颖独特的

叶子

方式呈现在大众面前，无疑是增添了乐趣，又拓宽了传播渠道，丰富了壮族文化的形式，使得壮族文化的传播更具趣味性和实用性。未来的线下经营一定要在场景化上下功夫，要用同理心瞄准客户的需求，来增加客户的体验感。顾客能够记得你，才能够爱上你。我们有什么不重要，重要的是顾客能记住什么！

M：您是怎样将文化融入产品设计当中的？

Y：广西壮族的三大宝——壮锦、铜鼓、绣球，在酒店范围内随处可见；门牌、抱枕、装饰，包括墙壁挂件、小摆件、手信、服饰设计，我们也融入了壮锦元素；还保持了绣球迎客的传统，山水间交相辉映的铜鼓。客人不仅是来消费的，更是来体验的，通过我们的讲解，让更多客人在这好山好水并带有民族文化特色的地方去了解历史，在浓厚的文化氛围中去感受、体验当地的壮族文化。其实企业文化不是挂在墙上的标语，不是我们每天所喊的口号，我们所倡导的企业文化都在员工的身上展现。我们说品牌领军，顾客优先，产品为王，所以产品始终是放在第一位的。我们是什么样的产品呢？一定是

上：泳池
中：酒店内景
下：酒店外观

有价值，有性格的产品。什么是你的产品的性格？你要为你的产品塑造一种性格，为你的产品说故事，为你的产品创价值。在危急时刻，品牌信任度＝产品安全＋社会责任＋顾客满意度＋员工满意度。最重要的还是要加以坚持，要让这个理念一直伴随我们民宿和酒店业走下去。

民宿是出力者也是受益者

M：雾云上院在乡村振兴中发挥了什么样的作用？

Y：以在地文化体验的效应引爆舆论，吸引全国甚至世界范围内的高端消费人群到乡村度假，引发当地旅游业的持续发酵和升级，吸引年轻劳动力的回流，推动农村转型发展、农民增收致富，激活乡村资产。我们鸡窝渡不大，村子民宿整体的起点相对高些，现在政府正在打造我们村，并申报全国最美乡村，我们既是美化乡村的一分子，又是美好时代的受益者。

M：您对民宿集群有什么看法？

Y：民宿集群把更优质的资源汇聚在一起，带来的效益更大，逐渐成为单体民宿现阶段的前景所在。民宿集群不一定是民宿发展的必然产物，但它是民宿升级的体现，促使民宿之间形成抱团取暖的意识和概念。

李思慧：女性做民宿有很大的优势

【人物简介】李思慧，竹窗溪语联合创始人、悦田生活创始人。

【坐标方位】桂林阳朔

M: 美宿志
L：李思慧

禅于内心，文化为魂

M：竹窗溪语的文化定位是什么？

L：竹窗是先做产品定位后取名，“竹窗溪语”取自明末高僧莲池大师《竹窗随笔》，释义为“临窗邀石听溪语，凭槛对月沐竹风”。在天地之间觅得一方安详，听风雨，听山语，听禅语。竹窗溪语同时也是山水禅生活的首倡者，主张将衣、食、住、行、修及生活美学体验融入休闲度假方案中，在山水间感悟中国智慧，传播自然本真的生活方式及生活艺术。

谈到禅文化系列酒店，一般分为都市禅、寺院禅，还有山水禅。而竹窗就是依托桂林山水的资源特性，充分挖掘和利用山水的禅意和灵性，它可以让你在这里安住下来，也可以悟道。

M：竹窗溪语选址除了自然景观之外还有其他方面的考虑吗？

L：我们没法做到很清静很避世，所以最终项目落脚在有烟火气息的村

李思慧

落里。其实繁华与自然，不过是转身的距离。一念生烦恼，一念得自在。

探索文创与养生相结合的新思路

M：文创体现了很多设计上的奇思妙想，您有没有想过以后要拓展文创这一部分。

L：民宿文创产品我们也有在做，文化创意产业非常专业，有很多细分。作为民宿经营者，我们的文创是分了两类，一类是我们文化表达的周边产品品类。包括手工茶叶、禅画、环保布包。一类更多体现在民宿的内容策划方面，比如一些特色的游学、度假产品策划等。

竹窗溪语是桂林率先开启游学和特色度假产品设计执行的。我们就做自己独特的客户群体，在这个过程当中，我们有很多创意和设计，比如山水自然茶会和山水正念行走等等，我觉得它们也属于文化创意产业之类。

接下来我们还会持续地去升级产品，因为在经营竹窗的这个过程中，结识了很多挺奇妙的善缘，我想这可能都源于“禅”。我们的课程帮助了很多长期严重失眠的客人，他们来到这儿，通过疗愈睡眠得到很大改善，还有很

山水禅意与建筑的结合

多身心健康方面的问题在这儿也能得到改善。所以我们很多客人评价说竹窗溪语周边的风水特别好。我觉得整个桂林在山水环绕的庇护下，风水磁场都很好。

M：您觉得在现在比较快节奏的时代，如何看待网红或高流量的文化产业发展模式？

L：我觉得这是一个必然，我也非常能接受，因为互联网包括自媒体、新媒体时代，已是不可逆转的趋势。每个个体都有私域流量，我们也要去拥抱这一类的新媒体，好好地用起来。同时我们也不能盲目地去拥抱，要找准定位，找准自己的目标群体，有针对性地去营销。吸引眼球也很重要，它能带来很大的客流量和关注点，从这方面我是赞同网红或者高流量的营销手段的。但是从我们自己做产品来说，我不会刻意地去迎合它。

民宿发展带动乡村振兴

M：民宿是有人情味的，除了跟客人有直接交流的活动和课程，其他方面您认为还有什么可以加深这个人情味儿，或者说让人情味自然些？

L：我觉得其实挺简单的。像我们以前有个外国客人，在中国第一次住了十几天，第二次又住了十几天，每天就穿着睡衣睡袍跟我们自己人一样进厨房，跟我们一起吃员工餐，我们不介意，他也不介意。我们何必拿个菜单点餐？其实没有这个必要。所以说这种关系、这种感情就是这样建立起来的。

我觉得做民宿，服务是很重要的东西，首先得走心一点，就是带客人去体验一种生活方式。比如带客人到稻田里面走一圈聊聊天，都是免费的，不用刻意去收费，就像接待自己的朋友或者家人一样，自然而然。

M：请您聊聊民宿发展对乡村振兴的作用。

L：2019年底，我们课题组刚刚完成了阳朔乡村振兴战略规划。调研中我们发现凡是民宿集中的地方，乡村振兴效果就非常好。全国有很多一个民宿影响了一个村的案例，所以民宿对于乡村振兴推动力量显而易见，我们鸡窝渡村就很典型。整个村加起来十几个民宿，解决就业不用说了，几乎每家都有几个到十几个大学毕业生留在这里，带动第三产业兴旺，同时人才也流入了乡村。“宁为一张床，而赴一座城”这句网红语，足以说明民宿对城市营销的推动作用。

M：经过三年的实践，竹窗溪语的业绩和影响力也证明了您团队的成功，请您谈谈未来的发展以及怎样培养人才团队。

L：未来竹窗应该会有两条产品线，一方面会发展文化度假酒店，一方面会发展小而美的民宿院子。竹窗一直非常注重人才的培养，团队培养，我个人的经验是，从价值与意义层面更多地影响。“志不强者，智不达”，在带团队的过程中，我更多的是从这个事业的意义，禅文化酒店与世界的关系方面去影响他们，明确每个人在这个团队中的角色不是打工者而是创业者，明确我们为什么要留在这个村子里做这样一家民宿，统一我们的信念和价值观。这三个层面对竹窗现在的人才团队影响非常大。至于能力（如何做）、行为（做什么），我不怎么干涉，反而是团队自发形成了学习成长，交流复盘这样的工作氛围。每个月我们都会有竹家文化大讲堂，都是普通一线员工主讲，在讲的过程中更容易梳理出工作的流程和不足。

餐厅景观

将民宿作为一项终身的事业

M：您有什么心得与建议要向创业做民宿的女性分享的吗？

L：首先，我们得承认，女性做民宿有很大的优势。本来民宿就是旅行中的一个家，女性无论是作为主人、主理人或者其他都有经营家的优势。其次，现在已经进入了“她”时代消费，相当一部分的家庭出游的主导权都在女性手中，所以基于女性对女性的了解，女主人会更容易做出受家庭消费喜爱的产品。最后分享一点建议：创业，需要紧跟市场需求，所以想创业做民宿的女性一定要多多走出去，多多学习，市场能教会我们很多。

马睿蔓：民宿是一种媒介和平台

【人物简介】马睿蔓，城外有闲创始人。

【坐标方位】桂林

M: 美宿志
R: 马睿蔓

物质与精神层面的双丰收

M：城外有闲这个名字有什么含义？

R：第一个，我认为“城外”这个名词很契合鲁家村给桂林人的印象，当年所有老桂林要吃豆腐鱼，都会想到鲁家村。对他们来说应该是一个最近的“城外”，也是一个有记忆的“城外”。第二个，从精神层面看，我们说到“城外”，第一印象一定是想起钱钟书先生的围城，我觉得不仅仅是婚姻中有围城，在我们的生活状态当中、工作当中也有围城。任何一个事物，它都有它的局限。当我们在围城内的时候，我们要到“城外”，需要这样一个精神层面的让我们能够逃离、能够远观、能够忘我的地方。这种有闲，是很多人拿钱买不到的，这是一种内心的丰裕与平静。我想在一个能够顿悟的地方，然后用一种有闲的状态来滋养自己的灵魂，滋养每一位远道而来的客人，所以这就是城外有闲。我也希望城外有闲能够真正做到大家想要的“有闲”的意境。

马睿蔓

M：城外有闲专注于“文创＋旅游＋民宿”的发展模式，请您简单介绍一下这个模式。

R：感觉文创这个词现在太泛了。我一直在思考，文创怎样才能走得远？第一，任何的有生命力的艺术品和文创产品，它应该是接地气的。第二，应该是与实用性相结合的。第三，应该是有地域差异化的，是本土的。所有的民宿，到最后一定是一个媒介和平台，具有在地文化传播的功能，这个过程就是我们从民宿到美宿的转化与升级。

M：城外有闲的定位以及文化内涵如何体现？

R：城外·有闲逸墅的十三间房名以传统美食常用香料结合中国文化命名，如丁香结雨、薄荷花开、栀子素华、花椒月色等。每一个来到“城外”的客人感觉如同置身大自然，前厅有清晨森林的味道，后院有雨后泥土和小草的味道，房间被子上有午后太阳的味道。

我觉得人生在世，追求的无非就是物质和精神方面的双丰收，所以在城外有闲的寻味之旅，最核心的是去逛菜市场，去红尘之中找寻最好的当地食材，然后跟着我们的师傅学做一道桂林菜。有了物质，我们还要有精神层面，所以我们在寻道之旅中，我们可以抄心经、听佛乐、吃素食。

左：客房内景
右：舒适的泡澡空间

我喜欢的是山水之间的一种自由，接地气的东西更吸引我，所以城外有闲选择了味道，背后的意义就是物质与精神的双丰收。

寻找内心的真

M：人才现在可以说是民宿的一个痛点问题。管家也好，民宿的其他员工也好，在一个民宿待久了，或许会想到更大的平台去发展。您有什么好的办法来留住人才呢？

R：首先我要说，员工离开最大的问题就是老板自己，民宿主一定要先检讨自己。到目前来说，我不觉得我突破了这个人才的难关。民宿主还需要跟高校之间联合起来，做一个人才储备。

M：您觉得做城外有闲对您的人生产生了怎样的影响？

R：变得更加包容，更加安静，更加懂得生活的真谛，返璞归真。所有商业的最终目标都是这个“真”字。我不管外边有多少的繁华，有多少的商

业模式，但其实要做一个好的商人，首先就是你真的能够让客人感觉到你的真诚。我喜欢城外有闲的生活，就是返璞归真。很多时候在跟我的客人享用家宴的时候，我会让他们放下手机。我会告诉他们在城外有闲的三个好，“好好吃饭，好好睡觉，好好说话”。我觉得城外有闲能带给我的改变，就是这三个好，让我学会只有专注当下，才有未来。

居百里山水，享有闲时光。祝愿每一位有缘人，找到心中的“城外有闲”。

M：您对民宿行业未来的发展看法如何？

R：民宿业这两年一直在走下坡路，这和国家整体经济形势相关，像民宿这种度假性、非刚需的行业肯定会下降。好的民宿依然很难订到，所以，只要有好的产品，就不愁客源。从来没有一个行业被清零过，只有行业里不好的商家被清洗掉。对于现有的民宿经营者，我个人有两点建议：第一，用心去做。游客对住宿的要求会越来越高，用心了，就一定能做好品质和服务。第二，维护自己的会员体系。现在很多民宿将客源订单完全寄希望于平台，一旦遇到危机，客人都不能守住，恢复元气就会越来越难。相反，如果建立、维护好自己的会员体系，建立与客人的强关联，让客源渠道多元化，未来才有更大的希望。

田丽媛：我的生活就是我的工作

【人物简介】田丽媛，原点心墅品牌创始人。

【坐标方位】桂林

M: 美宿志
T：田丽媛

M：您从事过很多工作，为什么最终选择民宿？

T：我做民宿可能跟很多人不太一样，对于我来说是一种生命的沉淀与回归，我要用自己的生命去表达一种理想的人生状态。这种理想状态和现实并不冲突，它不仅仅是为了钱，更是为身心灵的健康，一种对精神自由的向往。因为我几年前是日企翻译，是一个只会工作的人，长期快节奏的状态透支了健康。这也是我们这里定位为身心灵健康文化的民宿酒店的原因之一，就是想集合所有与身心灵健康有关的生活方式，想把民宿打造成修身、修心的生活空间，把所有的爱好融入生活中。我的生活就是我的工作。

M：像禅舞、瑜伽、古琴等，原点心墅有很多类似的活动是公益性的，您打造这些公益性活动的初衷是什么？

T：其实目的只有一个，希望更多的人能够身心灵全然的健康，更高品质地工作、生活和创造。其实，这些特长本身是我们的爱好，同时也是我们传播爱的通道，是我们的生活方式。开始，我们的初衷是创办一个身心灵健

田丽媛

康的灵修基地，顺便带住宿。因为它是我们的文化属性，也是我们的特质，我们是不小心成为民宿中的一员，我们就成为今天绝对差异化的特色文化民宿。原点心墅要给大家带来更多的身心灵健康体验，无论是健康的还是爱与美好的能量，都熔铸在我们的空间里和生活体验中。

M：您希望吸引什么样的人到原点心墅？

T：我们针对的人群是渴望身心灵全然健康的人，其实没有任何的年龄或者性别人限制，只要是想更多地去提升自己的心性、体验心灵成长的、热爱生活的，或者更喜欢精神层次体验的人都可以。可以说，所有的人都可以参与体验。

M：你们的辟谷禅修、身心灵公共修课程和茶道、花道等活动，主要针对什么群体呢？

T：开始的时候，这是我们的文化属性和特色，也是我们喜欢的调养身心的方式，我们平时就是这样生活，生活需要品质和仪式感，进而把这些融入我们的日常中。现在，诗、酒、花、茶、琴、棋、书、画成为原点心墅的标志和属性，外界觉得好像办这样的活动就应该来这里，所以原来我们更多的是主办，现在更多的是协办。许多组织女性活动的高端群体会找到原点心

院子风景

墅作为场地来举办，然后我们会提供一些比如说禅舞、瑜伽、茶道、身心灵、古筝、古琴、芳香疗愈等等节目赞助，有好多都是美女的专场，比如企业团建活动，或是年终答谢会。因为客人的信任和需求，现在我们也研发了很多针对住宿客人的产品，我们有些游学的课程，禅修营等等都是针对客人的。

壹壹：打造有温度的西街美宿

【人物简介】壹壹，本名王睿，阳朔壹瓯茶居、壹心客栈创始人。

【坐标方位】桂林阳朔

M: 美宿志
Y: 壹　壹

做有温度的店

M：您之前是从事什么行业的？为什么会进入民宿行业呢？

Y：我跟我先生之前都是从事航空业的。我觉得现在从事民宿行业很幸福，因为之前与客人相遇的时间非常短暂，民宿则会让这个时间变长，而且我认为住宿会让人的心相对安定一些。

M：您出于什么原因想在这里开一家店？

Y：当时这里原是一个厂，我先生第一次带我来的时候，我就喜欢上了这里。后来改建时，考虑到地理位置很棒，而且有山有水，风景很好，所以就想要做有感情、有情怀、有温度的东西，因此决定开民宿，而不是要做标准化、商业化的酒店。我想把我喜欢的东西、愿望融入里面。

王睿（壹壹）

M：壹瓯茶居这个名字是谁起的？

Y：这个名字其实源于唐代李郢的《酬友人》，这首诗是感谢友人的，又契合我们的风格，所以我们认为这也有欢迎各方来宾的意思，就定下了这个名字。

M：壹瓯茶居是请哪位设计师来设计的呢？现在的风格是否是您一开始就想好的？

Y：我们没有请专门的设计师，而是咨询了一个大学老师的朋友。我们想把很多理念，包括我们比较喜欢的风格融进去，我朋友就会给我们提供很多参考意见，所以这里的设计几乎都是我们跟朋友一起琢磨的。我觉得任何一个店的经营和维护都不是一蹴而就的，即便我们最开始已经有一个比较完善的装修思路，但还是会根据客人的需求不断地添加新元素，不断地完善自己。至于风格，其实我们也是做了很久选择，但自从我结识了一位茶艺老师以后就耳濡目染地了解了很多茶知识，喜欢上了茶文化。我认为这个可以成为一

壹欧茶的设计体现了主人对
来客的欢迎

个切入点，这样既有可以吸引中国人的地方，又有可以吸引外国朋友的地方。

M：房子在装修设计的时候，有没有发生过令您印象深刻的事情？

Y：其实哭了很多次，因为当时有很多地方推进不下去。比如说隔音、防水问题，还有就是回南天很潮湿，当时在做测试的时候，就发现有渗水现象。处理完这些问题之后，又发现设计与施工有矛盾，比如说从外面进来的那个门，施工的时候没办法解决一些相应的问题，而且当时我不在现场，等我回来的时候，那个门已经不是我想要的样子。当时，我有种梦想实现不了的感觉，所以眼泪就流下来了。

M：您目前最满意客栈内的哪一点？

Y：虽然壹瓯茶居有的地方与我们当初设想的不太一样，但是从总体上来说我还是很喜欢的，尤其是氛围。因为无论从哪条路来到这里，必定是先经过繁华的地段，然后渐渐安静，推开门的那一刻会让人感觉到一股书香气息

左：独特的泡澡空间
右：茶文化无处不在

迎面而来，拥有这样的感觉，让人放松。所以我还挺满意的。

西街的记忆

M：您对阳朔的生活有什么看法呢？

Y：我很喜欢这里，生活很悠闲。有时候从外面回来看一下店里，要是没有什么事情，我就一个人坐在码头发呆，坐一个下午，看江水。阳朔是一座有历史的小城，孙中山先生曾在阳朔演讲，艺术大师徐悲鸿也曾居于此，150多个国家的领导人曾在此留下足迹。明城墙、碑刻、古寺、古亭、名人故居、纪念馆等古老的建筑，让这座古城厚重而有力。

M：您能说一下对西街的看法吗？

Y：西街这个名字的由来其实是因为以前都是洋人在这边开店，例如西方的餐饮、咖啡厅等，所以是一个非常有西方文化色彩的地方。他们的店面装饰非常的简单，几乎都会在外面搭棚子，很多客人会点一杯啤酒坐一个下午，看过往的游人，或者与好友有一搭没一搭的聊天。现在西街变了很多，虽然石板路还保留着，但是文化氛围完全变了，出现了一些不那么合适的元素，把商业氛围带动得略微速食化。

M：对于如何传承西街记忆，您有什么看法？

Y：我认为这得从一些细节做起，比如说重视一些老旧的东西，因为这里是漓江边，江边的人几乎都是打渔为生，所以像一些鱼篓、蓑衣等可以保留下来，还有就是一些老旧的桌子、柜子、锁扣、屏风等，其实这些在我们这里也能看见。在设计上也可以做一些与本地有关的东西，比如说我们的顶楼设计，就拿了一艘船种上了一些植物等，形成了一种江边人的日常。还有就是菜品几乎都是本地的家常菜。除此之外还可以定期开展一些讲座、文化沙龙、当地民俗文化科普、手工制作等活动，就是从吃、住等再到精神层面，呈现出立体的阳朔文化、桂北文化。

黄炎忠：成就黄姚唯一

【人物简介】黄炎忠，昭平黄姚古镇龙麟台全景精品酒店创始人。

【坐标方位】贺州黄姚

M: 美宿志
H: 黄炎忠

卖房打造龙麟台

M：您是广东湛江人，为何会想到来黄姚开客栈？

H：有两个原因，其一是因为我之前和朋友一直想着要开民宿，后来看到朋友先在黄姚开了民宿，我就跟过来了；其二是因为我来黄姚的时候偶然遇到了这栋房子的其中一个主人，很有缘分。最关键的是这栋房子有让人一见钟情的魔力，我们总说做民宿要有情怀，所以我就开了。

据族谱记载，这栋房子建于明朝，至今已有将近400年的历史。现任主人的太公原来是文科的榜眼，叫梁端章，官居正五品。而且这栋房子所在的地理位置非常棒，宅子后面的山是黄姚的真武山，宅子位于真武山龙脉的源头，刚好就在山脚下，背山面水，给人的感觉很舒服。

M：您是从什么时候有开民宿这一想法的？

黄炎忠

H：作为一个广告人，我一直都有这种想法，其实大部分广告行业、设计行业者都有这种想法，只不过有没有真正去做而已。因为开民宿会舍弃很多东西，这个不是一般人能做到的，比如说我要舍弃经营了将近20年的企业，舍弃跟家庭的经常团聚……家庭对于我来说是最大的坎。虽然做企业能挣钱，但那不是我的爱好，所以说爱好和挣钱并存很难。

M：家里人支持您开民宿吗？

H：我太太是全力支持的，因为当初我在建造龙麟台的时候，计划是投入300万左右，但是建到后面没有钱了，我太太就把一套房子卖掉给我建龙麟台，这样加起来，最后是投资了500多万元。

M：建设的过程中，有没有遇到令您印象深刻的事情？

H：有很多，第一个是资金短缺；第二个是这边的建设难度很高。我当时很担心，因为已经建好一大半了，花了很多的心血和金钱。但是在担心的同时也想赌一把，我要打造整个黄姚最高的观景台，一旦成功就是黄姚的唯一，占据了独特的优势。

M：除此之外，还有没有其他印象深刻的事情？

H：有，比如这两块匾。因为龙麟台很高，需要搭板桥拉斗车上去。当时我从广州回来，看到了两块老旧的木板，就询问工人这是从哪里来的，他们说是以前祖宗的匾。因为我对这些老旧的东西很有感情，所以就叫人把这两块匾处理了一下，后来发现这是当年榜眼的匾，于是在处理之后我就把它们挂了起来。

M：龙麟台这个名字的由来是怎样的？

H：我们做广告的都有一个习惯，就是从一开始就想要把名字给确定好，所以我从一开始就在想这栋房子的名字，想了100多个也没有满意的。后来我们是在往上建的时候发现后山上有两棵超过千年的龙麟树，正好在这个宅子后面，左右各一棵，最大的一棵，三个人都抱不住。而且这里是黄姚的龙脉，大龙桥又在门口，所以我就想到了“龙麟”这两个字。我想做的是黄姚最高的观景台，所以经过一番深思熟虑，最后定下了“龙麟台”这个名字。

M：改造房子的过程中，工人们能理解您的这种想法吗？

H：理解，而且在建设过程中发生过两件令我特别感动的事。第一件事就是当我发不起工人工钱的时候，有几位工人对我伸出援手，借钱给我。当时临近春节，龙麟台还没建完，工人都等着拿钱回家过年，我这边有将近30个工人，但是由于资金短缺，我手上一分钱都没有，发不起工资，工人无法好好过年，我也回不了家。就在那样窘迫的时刻，有几位工人说可以借钱给我，我当时很诧异，因为我还欠了他们的钱。最后他们借给我20万，还不要我打欠条。我十分感激，发完工资，我就回家过年了。

第二件事就是开业的时候。因为当时我还是没钱，就不打算请客了，但是在改造龙麟台的这两年中，那些工人和我都有感情了，他们就自发地凑钱买食材，然后每家每户拿锅、凳子、桌子出来摆上，一起煮火锅，就这样帮我办了个开业典礼。当时黄姚镇的书记也来了，他是被隔壁的大哥叫过来的。那天我真的特别感动，感觉就像跟家里人摆酒一样。所以说，我非常喜欢这里的村民，他们真的很淳朴、善良。

有设计感，无拘束感

M：您的设计理念是什么？

H：我在做设计时的一个理念就是不能让客人有拘束感，这是我最想要的东西，但是做到这一点很难。我去住过很多民宿、酒店、宾馆等，他们的配置、用材越来越高级，越来越有设计感，但是我会有拘束感。所以我现在做民宿，要有设计感的同时，也要没有拘束感，不然就失去了民宿该有的温暖以及亲切。

M：您是怎么做到让龙麟台没有拘束感的？

H：设计的角度比较奇巧，因为这个宅子是一个很有历史价值的宅子，所以常规的手段都是修旧如旧，尽量保护，主要以原生态的用材为主，店里能看到的金属很少，几乎都是木材。在保护老房子的同时我们也要有一定的舒适感，后期我们房间的舒适度还会逐渐提升。

自从有了无拘束感这个概念之后，我就是一边做一边改的。而且我觉得民宿与商务宾馆最大的区别就是公共空间，公共空间不能做得特别的精致，让人不敢碰，这会产生拘束感。我这边没有很贵重的东西，存在的东西都很实用，而且这些东西很多都是有历史，能勾起客人特别的感触。对于客人来说，我们不是老板与客人的关系，而是朋友与朋友的关系。

关于黄姚民宿的未来

M：您认为现在黄姚旅游业面临什么样的问题？

H：这个需要从几方面来回答。第一，黄姚是一个旅游景点，景点的价值得靠管理公司去打造。他们所面临的是生态环境保护，排污、供水、供电等基础建设建设。第二，商家面临的就是人才的缺失，客流量的不充裕等问题。

上：客房内景
下：客房观景台

M：您觉得目前黄姚古镇内的民宿遇到了什么困难？

H：主要还是自身的问题，因为大多数是村里面的人拿自家的房子来做民宿，跟风很严重，但是他们不懂怎么去经营。虽然他们也在慢慢地进步，但是进步的速度远远跟不上发展的速度。所以我觉得他们最好的办法就是让外地那些有文化、有资金的人来经营。当地政府组织专业培训，这是其中一个措施。一个旅游区要想真正地发展起来，业态健康需要多元文化，要形成一个多元文化的圈子很难，不能单靠当地的力量。因为当地的区域文化是根深蒂固的，思想、文化等几乎都在同一条水平线上，所以要引进外来力量，多元文化融合的地方才有生命力，有活力。

武林峰：海岛文化是一种生活方式

【人物简介】武林峰，卡夫卡品牌创始人。

【坐标方位】北海涠洲岛

M: 美宿志
W: 武林峰

设计理念中，藏着人生态度

M：当时选择涠洲岛是出于哪几个方面的原因？

W：选择的初衷是我喜欢钓鱼，只要有闲暇时间，我就会到全国各地钓鱼，有一次跟朋友一起在这个地方海钓，我发现这边的开发比起云南这些地方来说要慢一些。我是2015年上岛的，我的直观感觉是，找不到一个能吸引我的民宿，当时我就萌生了一个想法，我要不要自己在这里建一个民宿？建好自己的民宿以后，爸妈冬天可以过来度假，也可以作为我的钓鱼点。

M：您房间的设计，是想表达什么理念呢？

W：我喜欢这种庭院式的中式风格，所以在设计房间的时候也会参考。房间的风格我想给人通透的感觉，因为这里的日照比较舒适。我们的房子是南北向的，把房门打开之后，再热的天气，光线也不会直接射在房间里。在

武林峰

步入每个房间之后，后面还有一个私人庭院，可以在里面做一些配套设施，供小孩子玩耍，安全性有保障，在庭院里喝茶也很凉爽舒适。我们的院子比较大，很多地方都有造景，尽量把景造得舒适一些，我比较追求这些小细节的设计，例如这间房子看不到任何一个排水管，也对空调外机做了隐藏。

民宿业态带动涠洲岛的可持续发展之路

M：您觉得涠洲岛的亮点是什么？

W：当时选择涠洲岛就是看中了它还相对原始，可操作性很强，也意味着提升空间很大。自然环境极佳，商业气氛不过分，可以体验当地淳朴丰富的文化气息，深度感受当地渔民的生活方式，亲身经历出海捕鱼，体验新鲜感，见证收获的喜悦。把当地生活和人文作结合，也是民宿走向品质的一条道路。

M：您认为在地文化和外来文化应该怎样融合？

W：针对客群的生活习惯和消费方式很重要，如何做结合也是我们一直在思考的问题。目前来讲，民宿的文化核心可能还是不够清晰，提到民宿，可能听者会感觉褒贬兼有。很多参差不齐的品质杂糅在民宿行业内部，会进入一个乱象期。当然这个时期迟早会出现，越早出现越早暴露问题，对市场的整合和走向都有好处。思维走在时代前列，理念、产品和服务慢慢向精品方向去做，未来就不会被淘汰。

M：您觉得要怎样提升民宿的品质？

W：针对客人的需求，提供高品质的服务。它应该是可复制的，装修只是第一步，管理和推广是更进一步的阶段。每个店都有自己的个性和风格，要慢慢去摸索自己的想法和创意。欧美的定制酒店、日本的民宿文化，再加上中国的特定环境，怎么样能够有效结合，给客人不一样的体验感，是一个漫长的学习过程，需要在以后的实践中慢慢沉淀。

M：您认为民宿这种业态带给了涠洲岛哪些影响？

W：我认为民宿对涠洲岛比较直接的影响在推广和宣传方面。岛上的农副产品是涠洲岛与外界沟通的一条重要渠道，现在是网络时代和短视频时代，通过这个平台在酒店代理农副产品，是一种快速有效而且高端的方式，很多民宿都比较重视这方面的运营。如果把民宿产业做好了，能够带动当地各项产业同步发展，是良性循环的可持续发展之路。

想把品质做到极致

M：您心目中好的民宿应该是什么样的？

W：我还在思考中，其实我在岛上待的时间不多，主要是在成都那边，对涠洲岛的人文这一块了解得不够多。当然，当地文化中比如渔民文化，在娱乐活动或在饮食方面上肯定会体现出来，但是围绕景区人文这些，目前做得还不多，可能也和我的沉淀有关系，多学习可能以后的观念会有所改变。

M：您觉得，未来几年民宿的路该怎么走？

私人庭院处处造景

面朝大海的无边泳池

W：我个人的想法是，服务方面，很多五星级酒店绝对比民宿要好，很多问题能够考虑到客户之前去，我们也想这样做。因为我们房间不多，我想多配人手，把它做成私人订制酒店的感觉。从客人一到来，就必须想到客人前面去，但是也要保持一个度。从早餐开始，比如说提前一天了解他想吃什么，早餐大概是几点钟，我们就会提前安排，客人有没有什么习惯？是不是生日？什么时候送甜点和下午茶？晚上提供煲汤养生服务，这些是简单的餐饮方面。

在玩的方面带着客人进行一些没有危险，但是体验感强的活动。因为作为海岛酒店，客人的体验有内外两个方面，一方面是酒店文化本身，对酒店的体验；另一方面是外部的体验，比如海滩。但如果说只是单一的项目像海上摩托艇，体验感就有可能不够好，还有不稳定的隐患。我设想这种玩的项目应该是专人服务，从接车开始就是一对一。因为我不是一个生意人，我对于成本核算这一块可能还不够精准，但是我想把品质做出来，想把品质做到极致。哪里有好的东西我们肯定要学，利润这一块放到后面，先把品牌做出去。西藏的松赞做得很好，对我们影响还是比较深的，也会向他们学习。

黎秀明：只为自由随性的设计

【人物简介】黎秀明，画里花外创始人。

【坐标方位】贺州黄姚

M: 美宿志
L : 黎秀明

画里花外的里与外

M：画里花外这个名字有什么特殊的含义吗？

L：民宿的名字来源主要起源于我对画画的喜好，对养花的情有独钟，那时想着叫“画外”吧，简单明了，但从我的设计理念来分析，这里更适合用画里花外来形容，画里：是指客栈里边的所有设计是我亲手布置的，所有的画作都是我原创的作品；花外：是指一个入门就可观赏的花园，映射了画里花外的场景画面，所以就取名为“画里花外”。

M：对客栈的布局与设计上融入了自己的哪些东西？

L：因为自身就是设计师，我对美的要求就更精益求精些。工作这几年基本在软装这个领域里摸爬滚打，所以我更了解软装给空间带来的氛围感、视觉感。一个空间的装修软装比硬装的效果会更明显，因此我更侧重于在软

黎秀明

装配饰上下功夫，硬装则简单化。在软装布局上较多用一些生活化的装饰品来体现。画里花外的设计理念，并不局限于某个理念的框架之中，更多的是根据现场的环境和喜好相结合，是一个自由随性的设计理念。我更多的是想把民宿做得更有故事性和艺术性一些。

M：客栈以简约中带点港式复古的风格为主，为什么选择这样的风格？

L：画里花外是以大色块面积来做的民宿客栈，选择这样的风格，首先是个人的喜好，其次是在乡村小镇里没人敢尝试这种风格。

M：来画里花外居住的客人多以哪些类型为主？

L：来客栈住的多半是一些文艺青年，还有一些喜爱这种格调生活的人，年龄层都不限的。有些阿姨叔叔们也很喜欢这里的环境，他们觉得干净又有格调。

左：童趣
右上：客人体验画画
右下：作品展示

探索体验旅游式的民宿

M：您认为与其他景区相比在黄姚古镇创办客栈有何优势与短板？

L：与其他景区相比，在黄姚古镇创办客栈优势在于它还没有过多商业化的东西，在古镇里面游客更想看到的是质朴、自然、古朴的古镇风情和特色。短板是周边的开发过于严重，没有合理的规划，导致一些道路无法通行，损坏了一些街道，破坏了环境。

M：作为一家开业时间不长的客栈，您觉得如何在客栈行业内站稳脚跟？

L：我之所以选择在已经有 100 多家客栈的古镇里开民宿，必定也是有想过标新立异的生活方式，才敢回来创业的。国内民宿发展越来越多，但是每个民宿的体验方式不一样，给客人的印象和需求也是不一样的，而我想做的是一种体验旅游式的民宿，客人们来了不仅仅只是逛逛古镇，更多的是可以体验不同的生活方式。比如来到这里可以安静画画，可以动手做烘焙，偶

尔玩下花艺制作，做一些手工，这种类型是专给来度假两三天的客人准备的。当然，我也想打造更多的活动体验和方案给客人，不做那种让客人住一晚就离开的民宿。

M：您民宿的整体构想是什么？

L：我了解过一些做得好的民宿，他们对于客人的需求和体验式活动都做得很好，来到客栈就不用出门，所有的吃喝玩乐都能在客栈里一次性体验到位，这是一个成功民宿应该具备的。现在所有的民宿更注重的是一个体验和享受的过程。

M：您对画里花外的未来有什么样的设想与展望？

L：对我自己客栈未来就是想打造一个体验式的民宿，除了在古镇里体验外，我们或许还可以追加到古镇外体验。这个是我对未来的一个设想和一个目标吧，要做到一个最好的民宿。

余海霞：程阳八寨是世界了解中国侗族的窗口

【人物简介】余海霞，广西旅发集团三江通达公司总经理、侗酒非遗民宿创始人。

【坐标方位】柳州

M: 美宿志
Y: 余海霞

任何美好的事物都会令人心生向往

M：是什么样的契机让您与程阳八寨结缘的？

Y：2009 年，我在程阳八寨所在的林溪乡担任乡长，那时便开始与程阳八寨结缘。后来多岗转换，一直参与八寨的项目提升工作。时光荏苒，十几年的光阴就过去了。

程阳八寨是一个有着千年历史的古侗寨，这里，至今还居住着一万多名侗族同胞，是一个活色生香的侗族生态博物馆，保护和发展好程阳八寨景区，帮助大家通过旅游产业脱贫致富奔小康，让老百姓共享旅游带来的业态福利，是我的职责所在。

M：三江有独特的侗民族风情和地理气候，程阳桥是程阳景区最亮眼的名片。您在程阳历史文化挖掘和整理上有什么样的思考？

侗酒

余海霞

Y：中国侗族在三江，程阳八寨是中国侗族文化深度体验区，是世界了解中国侗族的窗口，我们所有的工作，都要围绕这个中心来做。侗族是个以木为美的民族，侗族木构建筑享誉世界，这一特点，在程阳八寨景区得到了很好的保留和呈现，以程阳永济桥为代表的山、水、田、林、桥、楼、寨、人，构成了一幅绝美的风情画卷，特立独存。侗民族文化丰富多彩，三江的旅游资源类型多样，非遗文化传承和农耕劳作文化完好，因而，保护重于开发，挖掘文化，形成产品，让世人了解和体验是重点。譬如程阳八寨的集体婚礼是一大特色，老百姓平时不结婚，大年三十偷新娘，初一新娘挑水，初二夫家办酒，初三新娘回门，婚俗文化特有意思。我们把侗民族的这个文化做成了一个沉浸式的篝火晚会体验的演艺项目《侗恋程阳》，得到游客的普遍好评。“留客程阳”的条件也具备了，让更多的游客留宿景区，老百姓的民宿和其他旅游业态得到发展。

M：有人说，民族的就是世界的。您怎么理解这句话？在具体运作的过程中，您计划怎样把控和平衡民族的以及世界的？

上：鸟瞰程阳八寨
下：侗寨

Y：文化是没有国界的，任何美好的事物都会令人心生向往。程阳八寨景区是老祖宗留下的千年侗寨，这方水土依然保存着完好的侗民族风情，在快节奏的现代生活中穿越侗寨空间，独享秘境程阳，这是我们能为世人做的一件有意义的事情。

我有专属于这一方水土的情结，但情怀不能当饭吃，老百姓有对美好生活的向往，科学地、可持续地保护和发展，始终是程阳八寨景区提升的内核。我个人的作用很小，做不到把控和平衡，只能为推动尽绵薄之力，让社区人文景区得到有效的管理，保护、科学发展需要政府、公司、社区共同发力。我也相信，在政府主导，公司、各级部门持续的提升投入和社区村民的有效参与，侗民族文化会得到更多的提炼和发展，更多的业态会得到拓展。民族的就是世界的，越来越多的人参与其中，《广西民宿》走进八寨拍摄，就是很好的助力。

程阳八寨民宿品牌化

M：您觉得，和其他的景区相比，程阳八寨景区品牌化的长板和短板各在哪里？如何破局？

Y：应该说，程阳八寨景区的长板是很明显的。我们的长处在于资源丰厚，景区里的马鞍寨、岩寨、平寨已列入世界文化遗产预备目录，打造中国侗族在三江、中国侗族文化深度体验区始终是程阳八寨景区品牌化目标。短板是景区的保护意识和营商环境需要加强，具体体现在古村落的保护、文化的传承、产业业态的培育等方面。破局之策在于“政府＋公司＋社区”的综合协调机制，因而，创建程阳八寨5A旅游景区，通过创建平台，以创促建，以创促优，以创促特。

M：您希望人们在说起程阳八寨景区时，首先想到的关键词是什么？

Y：千年侗寨，秘境程阳或者中国侗族在三江。

M：现在民宿界都在讲“民宿＋”，您对程阳八寨景区民宿品牌化有什么样的整体构想？

Y：景区＋民宿，一般大卖。前提条件是景区够美，民宿够味，要有主题、有体验、有特色、有主人精神……程阳八寨民宿品牌化发展，的确还有一段时间和距离要走。

通达公司目前在景区做了侗酒非遗文化体验馆，旨在创新开发非遗文化，引领当地村民民宿业态的发展，让大家看到原来文化体验可以以民宿为载体呈现。景区优良的资源目前也吸引了一些外来情怀者投资民宿，譬如南非的疯子鹰，他将三栋有百年历史的老木房改造成精品民宿，就是一个典范。今后我们还会持续推出侗茶、木构、侗银、侗婚、侗画、侗乐等主题民宿产品。程阳八寨民宿品牌化，未来可期！

刘本军：打造有态度的酒店文化

【人物简介】刘本军，重庆华邦旅业有限公司副总经理、广西大美大新旅游有限公司副总经理、崇左明仕那里联合创始人。

【坐标方位】崇左

M：美宿志
L：刘本军

以爱惜之心守护

M：明仕那里酒店是大新县堪圩乡明仕村旅游扶贫民宿项目，能否讲讲它的理念和规划？

L：如同中国很多古老而传统的村庄一样，广西崇左大新县堪圩乡明仕村在新千年时代也逐渐凋零。当时斑驳的乡村学校、水管站、敬老院、村委楼以及伶仃的美景，这些都让我们心疼，都让我们想要拯救。为了不让里面流淌的文化和记忆消失，我们以本土的那文化之美做底，结合现代的空间设计美学，对这里进行了富有创意的外部修缮和内部再造。

现在这里成为一个人与自然相交的结点，我们在这结点之上，赋予了这片山水、这四幢老楼新的使命，它们带着本身的风物记忆和稻作文化，为年轻的旅者们带来一个有着边境风情和壮族风情的承载之地，这一切都是对自然、文化和游客、村民的尊敬。

作为旅游扶贫项目，村集体通过房屋及土地租金收益及旅游扶贫基金两方面取得收益，并在环境打造（如水稻景观种植、绿化种植）、基础建设期间优先考虑使用附近村民资源。结合稻田理念，围绕轻方式、重环保理念，

刘本军

融入稻田，与当地环境生态和谐相融，借以带给宾客简单、质朴、轻松的度假体验。

M：旅游景区是文旅业态中重要的一环，您认为景区对民宿的影响有哪些利弊？

L：旅游景区是文旅业的重要依托，它是资源也是客源吸引力，民宿的发展要合理看待自己与旅游景区的关系，把握好度很重要。

有利的方面显而易见：第一，流量导入，景区的游客流量可为民宿带来直接的团队及散客资源；第二，品牌共生，景区内会聚集比较多的优质品牌民宿，竞争关系会促进民宿整体服务水平的提升；第三，品牌影响，景区 IP 会对民宿形象产生较大影响，容易形成特定风格。

当然也有一些牵制因素：首先，绝大多数景区都有淡旺季，不可避免会造成民宿接待量在季节上出现的不均衡现象，增加营运管理难度；其次，景区内可能会有数量众多的民宿产品，除了恶性竞争的潜在问题，还有可能因产品质量良莠不齐导致行业整体的形象不佳；而且，景区会限制游客在酒店内部的体验时间，将客人大部分旅行时间占用，客人体验酒店时间较短。

上：客房与周围景色融为一体
下：枕绿而眠

文化 + 体验

M：随着旅游业的升级，传统的模式已经发生了转变，“文化 + 体验”的方式开始进入大众的视野，您认为哪些方面值得探索？

L：“文化 + 体验”是很有发展前景的方向，未来的民宿要具有文化的温暖和气质，也要有体验经济的趣味和人情味，雅俗共赏才是美美与共的理想状态。具体到明仕那里酒店而言，我们正在以下几个方面进行尝试：

第一，我们设计了稻田种植活动，如插秧、除草、捡田螺、稻谷收割等。因为中国的传统文化，根基在于农耕和岁时的文化内核。几千年来依土地和天时而生的国情，让国人从心底里对土地和田园有着天生的眷恋心理，城市化的进程会让人们心底的乡愁显得更加珍贵，成为一种难以忘怀的文化情怀。

怀旧和亲子是很好的主题，一方面，拥有相关记忆的人，很容易就会产生共鸣，重温到温暖、熟悉、亲切的场景。另一方面，一起在田园生活中培养亲子情感纽带和自然教育，也是很好的契机和很好的创意。

第二，在地美食制作体验，如五色糯米饭制作，“非遗”打油茶等。这部分的体验难能可贵，是城市中的人们日常所不能感受到的，所以也就具有了珍稀性，从项目开发的角度上来讲是很好的文化资源和旅游资源。同时，也具有了让非遗文化和传统文化与现代日常生活接轨的可能。具有鲜活的生活情境，把保护放在乐趣和体验中进行，也就不会成为标本和标语，是真正能够付诸实践的文化创意，也是一件很有意义和社会价值的事情。

M：明仕那里的文化依托是“那”文化，也就是稻田文化，山水田园风格显著。您认为怎样将文化舒适性和现代便捷性相融合？

L：明仕那里是真正稻田里的酒店，我们正在实践，深度开发那文化的可行性。我们将酒店周边稻田全部租赁下来并聘请当地村民进行耕种，打造了美景也带动了村民致富。我们不断在探索的各类稻田活动也将客人带入其中，体验特色的稻田生活。

M：按照时序进行农耕场景的展示，是田园观光的一个亮点，在具体实施方面您有哪些设想？

L：田园观光是按照田园生活的时序进行的，当地人如何进行农耕就是我们想要尽力保持的生活场景。客人对大新的当地农耕文化不了解没有关系，我们会把各个环节衔接起来邀请客人参与。具体的流程包括游客体验抛秧，了解耕种流程；抛秧后一个月体验稻田除草；抛秧后一个月内下田捡田螺；收获前一个月体验稻草人制作；稻子收割，邀请游客下田体验；稻子收割时捉稻花鱼，在酒店加工品尝美味稻花鱼。

一方水土的故事

M：在酒店项目的落成过程中，有没有发生什么故事，明仕那里是怎样处理在地文化和当地村民之间关系的？

L：建设过程中，最值得一提的就是明仕那里村史馆项目的落地生根。最开始的规划没有这项内容，大家一直在思考怎么让这几栋旧建筑能完好地保存时间的美好记忆。因为其中一栋建筑就是原来的旧村委楼，在清理旧物期间无意间发现了很多素材，于是村史馆应运而生，明仕村几十年的发展、村规民约定立等村中大事的发展变迁得以鲜活再现。

另外，我们通过租赁土地并吸纳村民到酒店就业，增加了村民们的收入，无形中也增进了与当地村民的感情。每当遇到当地的重大节日，酒店都会组织开展各项活动，邀请当地村民参加，比如每年的龙洞节，酒店都会摆长桌宴，邀请周边村屯的全部村民来酒店做客，当地的在地文化得以在酒店发扬传承。这是一种自然而然的融洽关系，我认为很值得珍惜和爱护。

M：明仕那里作为旅游扶贫的重要一环，您认为在项目实施过程中有哪些收获和困难？

L：这是一段非常有意义和价值感的经历，在这个过程中，我们的收获有很多。第一，我们通过租赁村集体闲置楼、周边土地以及吸纳周边贫困户就业，带动了周边村民脱贫致富；第二，我们的扶贫工作得到了客人和村民的认可，作为企业，能为社会创造价值，我们也非常有成就感。

当然没有任何一件事情是能够轻轻松松完成的，我们也面对和克服了很多困难。本地年轻村民外出打工较多，留在家里的青年人员较少，酒店服务岗位人员招聘困难，是我们一开始就需要面对的一大难题。

宾泽苍：故乡，许你一个未来

【人物简介】宾泽苍，大碧头创始人，信昌集团副董事长兼信昌集团总经理。

【坐标方位】桂林全州

M: 美宿志
B: 宾泽苍

回报乡梓

M：大碧头身处湘桂两省的交界处，为何在这里选址？

B：大碧头是我的老家，是我从小生活过的地方，将大碧头打造成一个国际旅游康养胜地最初是我父亲的梦想，当然也是我的梦想。现在，多年前埋下的种子终于在这片土地上生根发芽。

我还是个小孩子的时候，长年在外经商的父亲一有时间就会带我回大碧头。我从小就看父亲想办法帮助和救济生活贫困的村民，修路、接电、接水等，也许父亲有意为之，目的在于让我知道自己从哪来，教导我要回报乡梓。转眼十几年过去了，我发现输血不能从根本上解决问题，700 多年历史的古村，村民为生活所迫，920 多人的村子只剩下 87 人，全是留守儿童和老人，没有年轻人的村庄古宅失修、土地荒芜。作为大碧头宾氏家族的一员，我觉得我有责任、有义务做些事情，扭转这个局面。而真正的脱贫，脱的不但是经济上的困难，更是根深蒂固的思想，脱的是对乡村的不认可、不自信，甚至是

宾泽苍

抛弃，这是一方面；另一方面，大碧头这个地方确实有着非常好的自然资源和人文资源，是楚越文化交汇之处，自古以来为由湘入桂第一村，交通便利，有深厚的历史、人文积淀；最后，大碧头国际旅游度假区项目也是顺应时代的发展，与推行“乡村振兴”战略，倡导以文旅产业带动乡村发展的思路不谋而合，恰逢其时。

M：大碧头国际旅游度假村这个名字的考量是什么？

B：大碧头是世代沿用的地名，用地名做项目名可能不太符合旅游的惯性思维，也有很多人给我们建议在前面加一些修饰类定语。但是这个标签贴上去以后想要改变就太难了，也不符合我们的期许，于是我下决心把大碧头做成自己的IP，让来体验过的顾客给她贴上自己认为合适的标签，“度假游，大碧头”。

徐霞客从湘入桂的第一村

M：据说，当年著名旅行家徐霞客，由湘入桂的第一站就是大碧头？

B：据《粤西游记》记载，徐霞客的保镖静闻大师和随从在湖南遭遇水

匪袭击受伤，他们一行顺水入大碧头后稍作休养，很快就得以痊愈继续上路。由此可见大碧头自古以来就是从湘入桂的第一村，也是一处不可多得的疗养胜地。

M：大碧头处于典型的喀斯特地貌带，有什么特别的设计吗？

B：说到喀斯特地貌，这是大自然的馈赠，也是大碧头的宝藏。我们的半山居度假别墅区在未开发前，就是一片原始的山体石林，我们为了保护原始的石山、竹子等自然景观，不断调整设计方案、变更图纸设计，以确保不破坏环境。这些工作都需要付出更多的成本，但今天看到景区建成的模样，就觉得一切都是值得的。绿水青山背后的逻辑，是对这片土地历久弥新的敬重与传承。

左：顺应喀斯特地貌的建筑
上：温泉
下：以当地茅草修建的屋顶

M：大碧头一期已经开放和对外输出的部分，是现代化的休闲娱乐项目而不是古村落的风貌，是出于怎样的考虑？

B：我并不认同现代化休闲娱乐项目这个标签。首先大碧头村是一个有着近800年历史的传统古村落，至今仍保留着50余栋明清时期建筑，可以说这里的古民居，是凝固的历史，也是我们对话往昔，收获故事的一道入口。

我们在一期项目之所以没有重点去推古村落，是因为很多房屋坍塌损毁严重，要经过修缮才能以更好的状态呈现在游客面前，目前古村落的修复工程已列入我们项目下一步的重点工作计划。其次，大碧头在占地400亩的大地景观里为客人预留了一片自然的农耕之地，所以我们恰恰是希望去现代化的。你会发现在我们众多景观的打造中，遵循的是不破坏原则，更多地保留它的原始风貌。比如我们的稻田餐厅、半山居汤屋，对于屋顶的打造皆采用的是我们当地的茅草。在我们看来，乡村振兴是传承，不是毁灭，只是大碧头古村落还需要一些时间，才能更好地呈现在大家面前。

M：您期待大碧头的给予客人怎样的体验？

B：我们80%以上的基层员工来自大碧头本村或是相邻的几个自然村，景区内占地400亩的大地景观在土地未征收前均是当地村民世代耕种，赖以生存的土地。在景区建设的过程中，我们首先想到的是保留村庄传统的生产和生活方式，甚至是原貌，因此你现在来景区，依然可以看到和体验到传统的农耕方式。在这样的场景设定中，我们希望来到这里的每一位客人能够在我们员工的带领下，真正地获得沉浸式的体验，体验春耕夏耘秋收冬藏的乐趣。而前提是，我们要唤醒村民内心对乡村的热爱，不只是看到眼前的利益，而是更清晰地看到这个村庄过去曾赋予我们怎样的基因与气质，它如何塑造一代人，又如何影响一代人，壮大村民的精神、自信与信仰，使华夏农耕文明的持续发展。

拉动桂林北部旅游市场

M：谈谈您对桂林旅游市场的分析？

山居暮色

B：桂林不缺文旅项目，但是含天然温泉且能像我们这样多业态组合，能满足全龄段客户需求的项目，我还是有信心说大碧头在桂林文旅项目中是具有唯一性的。此外桂林作为一个国际旅游目的地城市，本身就自带流量，大碧头距桂林157公里，距桂林机场187公里，全程预计2小时车程，非常适合周边家庭出游。事实证明，以近郊游、亲子游、乡村旅游这三类较为便捷且高频，低客单价，日常化，休闲属性更强的短途旅游度假市场已优先在桂林旅游市场复苏。

M：大碧头项目的铺开，对桂林北部市场有什么样的拉动作用？

B：在全域旅游的实践中，文化旅游已不单纯是一个产业问题，还要考虑地区社会功能等问题。大碧头是自治区重点项目，国家4A级景区，自开业以来有着很好的知名度和美誉度，在一定程度上带动来了周边同业市场的发展，很多人会因为知道大碧头而知道全州。

王子祯：生态环保理念的传播者

【人物简介】王子祯，阳朔香草森林星空窝创始人。

【坐标方位】桂林阳朔

M: 美宿志
W: 王子祯

将台湾经验引入阳朔

M：居住在香草森林里，躺在野外夜观星空，这是许多人梦寐以求的事情。您当初为何会想要做这样一个星空窝呢？

W：首先，这块地的性质要求在里面的必须是临时建筑。我曾经考虑过小木屋酒店、货柜酒店之类的，后来我想到了帐篷。我起初想做的是帐篷酒店，然后了解到台湾已经有了泡泡窝，而且这种泡泡窝是可以跟植物芳疗结合在一起的，我们考察过之后觉得非常有特色，就把它引进过来了。

M：香草森林星空窝有什么特色呢？

W：我们是从 2018 年的 8 月开始运营。运营后还蛮火爆的，大家都觉得很惊奇，之后我就发现很多地方都有了类似的泡泡窝。我们的香草森林泡泡窝根据地形以及真正的舒适度、适用性做了改良。像我们的泡泡窝有做架高

王子祯

处理，浴室有做干湿分离，一楼有半开放式的户外客厅和院子，二楼是睡眠区，我们把它称为轻奢野宿，是露营式的状态。

与自然和谐共处

M：您可以给我们大致介绍一下香草森林的情况吗？

W：为什么我要选择做香草？因为我觉得在植物里面，香草是在我们生活中应用得最多的一个东西，它可以做料理，可以泡茶，可以做美容，可以做生活日用品，包括保健、芳疗都可以应用。我觉得这个植物太神奇了，哪怕枯萎了，香气都还在。像薰衣草的枕头，就是用晒干了的植物做的。森林的意思其实就是指生态环保，有森林才有地球，才会有我们的子孙后代。所以我觉得香草森林就是一个跟大自然和谐相处的生态环保理念的传播者。

上：新鲜的香草
下：浪漫的星空屋

M：您认为星空屋最吸引人的地方是哪里？

W：第一个就是这种建筑形式，泡泡会让我们想起小时候吹泡泡，会觉得很梦幻，很浪漫，能给人想象空间。第二个就是“星空窝”这个名字，“窝”的概念来源于我们中国人讲的都希望有自己的一个窝，这是一个小家的感觉。在这个圆形的球体里面，我们会觉得很安全，这种感觉甚至会让人感觉回到了母亲孕育自己的时候，这是非常安全、非常温情的。再一个，很多地方都有星空窝，很多人会选择我们，是因为我们这里有特色的下午茶，加上我们这里360度无死角的美丽风光，在空旷的野外，会有野趣。

M：会不会考虑进一步发掘星空窝的创意点，增加些肉眼观星之外的其他项目，加深对星空的了解，比如星空博物馆之类？

W：这个提议非常好，我们下一步也想向外拓展，可能我们二期会做一个真正透明的星空窝，它是亚克力材质的。目前的材质在清洗、耐热方面会有一些缺点，亚克力的材质就可以解决这种缺点。芳疗体验是我们下一步想要做的，在星空窝里做芳疗，这是多浪漫的事情啊。

文创与农创价值最大化

M：冒昧问一下整个香草村项目投资有多少？

W：大概有1200万这样。如果我们的二期能建好，未来会有一些观光工厂，还有更好的产品展示区，这些都需要场域空间。还有就是我们的轻奢餐饮跟婚礼的一些配套，比如说婚礼堂，还会有会议或者夏令营、冬令营等。其实我们并没有要在这里面做很炫的东西，完全是生态环保的，让客人来这边能够带走一些环保思想。对于年轻人而言，比较有意义的就是在遇龙河畔最美丽的地方办一场户外婚礼。

M：众所周知，台湾文创产业发展经验已经比较丰富了，您认为大陆带来哪些方面的启发和借鉴？

W：什么叫文创？文创不是说如何包装，怎么样讲它的故事，这些都不是文创的全部。文创的精髓是什么？就是我们不将就生活，然后把所有文明知识的累积和经验运用在生活里，这才叫文创。文创就是所有的创意、文化、经验的累积。文创让我们有一种全新的生活，是一种生活美学方式。

台湾除了文创，还有农创。农创就是农业创意，就是从农场到餐桌再到我们生活里的应用。台湾有个品牌叫“掌声谷粒”，从它的名字你就知道这是一个文创。这个米用客家花布来包装，上面用结实的稻草来做提手，这样就很环保，而且也宣传了民族的特色，客家花布也是我们中国的传统文化。用过以后，米袋也可以做手提袋，或者可以做餐垫、杯垫或是其他东西。其实这就是文创，它是不将就的生活，不一定用高大上的设计，它就是很普通的东西，可以放在自己的家里用，也可以放在高档的餐厅用，好文创就是这么简单。

寻找普遍认同的价值

M：您对台湾的民宿发展怎么看？

W：我所了解的台湾民宿，除了每一家民宿有它的特点以外，其实最重要的是它的主人。比如说民宿的女主人，她会做一手好菜，或者是说他们家有一个什么样的东西让你还想再去。在台湾，其实很多民宿的主人是会画画或是有其他手艺的，你会想着跟他去学习怎么做出这个东西来。比如说我年轻的时候去体验过，生小孩后，我就会带着孩子去，小孩子长大后又带他女朋友去，是这样实实在在地传递着东西，而且是会打动人的。它会让你有深刻的记忆，这个记忆会牵引你再来。这个也跟民宿主人的生活经验、经历有关系，很多时候其实是主人的魅力吸引了客人，并不是这间民宿吸引了他。

M：民宿硬件投入越来越走向奢华，您怎么看？

W：人的时间和精力是有限的，没办法做到真的极致，所以或大或小都

上：户外婚礼
下：花田

会存在一定问题，我觉得还是要寻找普遍认同的价值。我们不要标榜如何的高档、奢华、品牌性，我们传递的是生态环保的理念，是正能量。这种价值就已经大过所有东西，这会引起客人的共鸣，其他的细节不完美就不会太在意或去计较。这也是人与人之间和平相处，共同认知的体现方式，我觉得应该是这样相对来说比较轻松一点。

留存这个时代你我曾经的努力

张迪

一个人上路有时候是孤独的。好在，车内有一本书陪伴。

路程并不算太远，平时一个多小时的行程，春暖花开的季节总是一路欢乐抵达目的地。目的地，自然是熟悉的老地方。如果不去外地，每年的春节前后基本都会选择躲进这里歇息一段时间。白驹过隙，恍惚间，结缘这里的山和水已是十余年。

书，是蕾切尔·卡森的《寂静的春天》。因为庚子年的这场新冠疫情，内心对她更多几分敬重。1962 年，蕾切尔·卡森的名著《寂静的春天》，为人类用现代科技手段破坏自己的生存环境发出第一声警报。1972 年，人类第一次专门为环境问题而举行国际大会——斯德哥尔摩会议。

蕾切尔·卡森将她的著作取名“寂静的春天”，源于在蕾切尔·卡森的理解中，普通美国人在自家院里听不到鸟鸣，是一件使人吃惊的事情。几十年过后，居住在大城市的人们听不到鸟鸣，嗅不到花香，似乎已是习以为常。

这个世界，冥冥中应该有一种公平和正义。

2020 年春天，因为疫情，无数中国人停下忙碌的脚步，审视自己因为功利荒芜而长出卑耻野草的灵魂心田。有些人必将被历史记住，只是记住的方式有所不同，一些被人民感恩，一些被人民唾弃。无关官衔，无关学历，只与是否尊重人民生命的尊严有关，只与国家危难时的担当有关。

时代的一粒灰，落在个人头上可能就是一座山。在许多人眼中承载“诗和远方”的美宿（民宿），也承受了这个时代的“一粒灰”。

近年来，民宿行业风起云涌，受政府推动和资本青睐等诸多方面因素影响，大江南北遍地开花，伴随民宿迅猛发展而来的还有产业链上的相关产业业态繁荣。大浪淘沙，经过这场疫情的大考验，一些平时收益较好的实干型民宿从容应对危机，一些具有前瞻和逆向跨界思维的民宿反而更多收获，但一些盲目投资、经营不善、产品滞后的经营者也必将在这场疫情考验下淘汰出局。

从客观上来说，民宿和相关产业链上的努力者，他们提升了中国乡村的魅力和民宿的品质；往大的方向上来讲，他们不知不觉为中国乡村振兴和精准扶贫做着更加务实和长效的工作。他们不仅带动当地乡村的劳动就业、土特产外销，而且潜移默化地改变着乡村思维方式，为乡村经济的持续发展和美丽乡村的品质提升默默贡献，让中国乡村大地看到未来的希望。通过民宿发展促进中国乡村振兴，这才是中国发展乡村民宿的意义所在。

遍及中国山河大地的民宿在这场疫情中的损失前所未有。平时在朋友圈中总是“风花雪月”的他们，在这场疫情中顾不上悲伤，便自发走向拯救行业未来的另一个战场。相对苍白无力的文字，他们更在乎如何让自己存活下去，和来年春天的花儿一起迎风绽放。春夏秋冬的周而复始或许是最公平的，它不分厚薄地给予世间万物分秒时光，也旁观他们的前行姿态。艰难的庚子年冬天必然会离去，春天也会如期而来。

在中国民宿领域，一些人的名字让我心生敬意，因为他们曾经为这个行业奔走疾呼；一些人创建的品牌无限荣光，因为代表品质和思想；一些人的思想温暖如灯，曾经为迷路的客人找到回家的方向。时代应该留下每一位努力者的足迹。我的心愿，是忠实记录这些人在山河大地传播美好生活的前行方向，留存这个时代你我曾经的努力。

不辜岁月，不负山河。

2020 年 7 月 1 日于木泉